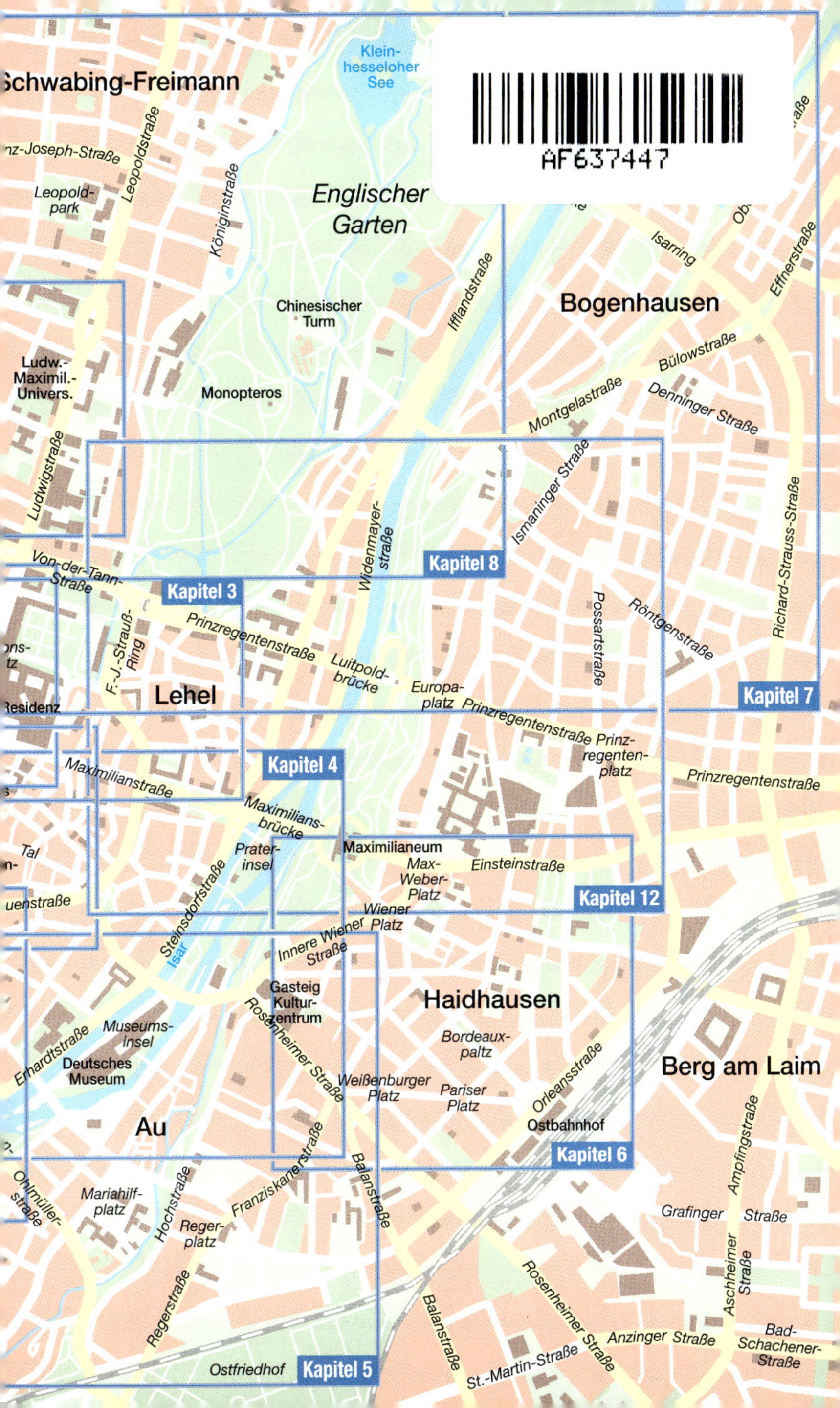
Schwabing-Freimann
Klein-
hesseloher
See
nz-Joseph-Straße
Leopoldstraße
Leopold-
park
Königinstraße
Englischer
Garten
Isarring
Effnerstraße
Chinesischer
Turm
Ifflandstraße
Bogenhausen
Ludw.-
Maximil.-
Univers.
Monopteros
Bülowstraße
Montgelastraße
Denninger Straße
Ludwigstraße
Ismaninger Straße
Widenmayer-
straße
Kapitel 8
Von-der-Tann-
Straße
Kapitel 3
Richard-Strauss-Straße
Possartstraße
Röntgenstraße
Prinzregentenstraße
F.-J.-Strauß-
Ring
Luitpold-
brücke
Europa-
platz
Lehel
Residenz
Kapitel 7
Prinzregentenstraße
Prinz-
regenten-
platz
Kapitel 4
Maximilianstraße
Prinzregentenstraße
Maximilians-
brücke
Tal
Prater-
insel
Maximilianeum
Max-
Weber-
Platz
Einsteinstraße
Kapitel 12
Wiener
Platz
Steinsdorfstraße
Innere Wiener
Straße
Isar
Gasteig
Kultur-
zentrum
Haidhausen
Museums-
insel
Rosenheimer Straße
Bordeaux-
paltz
Orleansstraße
Berg am Laim
Erhardtstraße
Deutsches
Museum
Weißenburger
Platz
Pariser
Platz
Au
Ostbahnhof
Kapitel 6
Ampfingstraße
Franziskanerstraße
Balanstraße
Mariahilf-
platz
Hochstraße
Reger-
platz
Grafinger Straße
Aschheimer
Straße
Regerstraße
Rosenheimer Straße
Balanstraße
Anzinger Straße
Bad-
Schachener-
Straße
Ostfriedhof
Kapitel 5
St.-Martin-Straße

Marion Brucker
Thomas Horsmann

München zu Fuß

Die schönsten Sehenswürdigkeiten zu Fuß entdecken

SOCIETÄTS VERLAG

Die Angaben und Informationen in diesem Buch sind aktuell recherchiert und vor Drucklegung sorgfältig überprüft worden. Trotzdem ist darauf hinzuweisen, dass sich Telefonnummern, Öffnungszeiten und andere Angaben im Lauf der Zeit ändern können.

S. 2: Zwei Wahrzeichen von München: Die vergoldete Statue einer Maria mit Jesuskind im Arm steht mitten auf dem Marienplatz, im Hintergrund ist einer der charakteristischen Türme der Frauenkirche zu sehen.

3., aktualisierte Auflage

Satz: Julia Desch, Societäts-Verlag
Umschlaggestaltung: Julia Desch, Societäts-Verlag
Umschlagabbildung: © jotily – stock.adobe.com
Karten: Peh & Schefcik
Druck und Verarbeitung: CPI books GmbH, Leck
Printed in Germany 2020

www.societaets-verlag.de
www.facebook.com/societaetsverlag

ISBN 978-3-95542-341-4

FSC
www.fsc.org
MIX
Papier aus verantwortungsvollen Quellen
FSC® C083411

Inhalt

Vorwort

Möchten Sie München wirklich kennenlernen? Dann sollten Sie die Weltstadt mit Herz anhand unseres praktischen Stadtführers entdecken. Ob Marienplatz, Englischer Garten, Schwabing oder die Pinakotheken, wir haben für Sie herrliche Spaziergänge ausgewählt, die Ihnen München zeigen, wie es wirklich ist.

Ein wenig Schickimicki, ein wenig Gemütlichkeit, herausragende Kunst, historische Orte und Ausgehtipps von schicken Cafés über die schönsten Biergärten bis hin zum Sterne-Restaurant. Und da München auch eine hervorragende Einkaufsstadt ist, stellen wir Ihnen nicht nur die umsatzstarke Fußgängerzone vor, sondern zeigen Ihnen auch, wo die Reichen und Schönen bummeln gehen und was Sie am Viktualienmarkt erleben können. Auf unseren Routen erfahren Sie, warum die Stadtgründer 1158 gehörigen Abstand vom wilden Fluss Isar hielten, München heutzutage die nördlichste Stadt Italiens genannt wird, wie Wassily Kandinsky und Gabriele Münter ein Künstlerpaar wurden, wo die Geschwister Scholl ihre Flugblätter druckten und sie daraufhin verurteilt.

Schauen Sie sich die Wahrzeichen der Stadt an, das Neue Rathaus, die Frauenkirche und das Hofbräuhaus und lernen Sie sie mit uns aus einer anderen Perspektive kennen. Wir verraten Ihnen, wie Sie München bequem von oben betrachten können, wo es sich lohnt nicht nur von außen hinzusehen, sondern auch einmal hineinzugehen.

Unsere Spaziergänge sind so konzipiert, dass Sie nicht außer Atem kommen, das Flair der Stadt spüren, ob auf Kulturpfaden, historischen Routen oder entlang der Isar. Wir sagen Ihnen, warum Sie in einer der größten innerstädtischen Parkanlagen der Welt einer japanischen Teezeremonie beiwohnen können, woher der Chinesische Turm stammt und was es mit dem fröhlichen Kocherlball auf sich hat.

Ob Oktoberfest, Auer Dult, Tollwood Festival oder Weihnachtsmarkt, unser Stadtführer wird durch zahlreiche Informationen zu großen Festen, Veranstaltungen, Öffnungszeiten, Preisen und Nahverkehr abgerundet. Ein idealer Begleiter für Ihren nächsten Ausflug in die Isar-Metropole. In unserer dritten, überarbeiteten Auflage finden Sie zusätzlich Kilometerangaben für die einzelnen Spaziergänge sowie einen umfangreicheren Biergartenteil.

Ihre Autoren und der Verlag

Altstadtrundgang 1

Vom Rathaus zum Sendlinger Tor

Altstadtrundgang 1

Vom Rathaus zum Sendlinger Tor

Wer München kennenlernen möchte, der muss am Marienplatz beginnen. Von hier aus lassen sich die Hauptsehenswürdigkeiten der bayerischen Landhauptstadt bequem zu Fuß erkunden. Und nicht nur das: Der Besucher erhält gleich einen Einblick in das Münchner Lebensgefühl.

Anfahrt: Marienplatz · U3, U6; S1 – 4, S6 – 8
Länge: 3 km

Der Marienplatz wird überragt von der 1638 geweihten Mariensäule. Sie war der Nullpunkt für die Kilometerzählung der von München ausgehenden Straßen. Die an schönen Tagen im Sonnenlicht glänzende Gottesmutter krönt eine elf Meter hohe Monolithsäule und überstrahlt mit ihrem Zepter in der Hand und mit dem segnenden Christuskind auf dem linken Arm den Marienplatz. Heute beliebter Treffpunkt, ließ sie Kurfürst Maximilian I. als Dankessäule errichten: Seine Städte München und Landshut waren von den An-

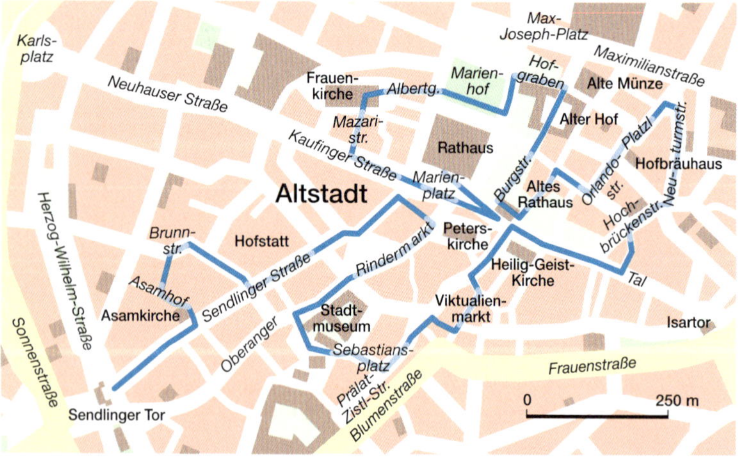

griffen der Schweden verschont geblieben. Während des Zweiten Weltkriegs blieb die Marienfigur unversehrt, da sie rechtzeitig ins Turmgewölbe der Frauenkirche ausgelagert wurde.

Wer sich wie die Gottesmutter einen Überblick über den Platz verschaffen möchte, der sollte zuerst den Turm des Neuen Rathauses besteigen. Das ist nicht so anstrengend wie auf den Alten Peter zu kommen, denn auf den 85 Meter hohen Turm geht es mit dem Aufzug hinauf.

Mariensäule

RATHAUSTURM · Öffnungszeiten:
Mo. - Sa. 10 - 19 Uhr
So. & Feiert. 10 - 17 Uhr
Eintritt: 4€, ermäßigt 3€
Karten: Tourismusinfo im Rathaus

Neues Rathaus

Im Neuen Rathaus arbeiten rund 600 Menschen in zum Teil historischen Sälen. Original erhalten und eingerichtet ist Zimmer 200: das Hauberrisser-Zimmer, benannt nach dem Architekten Georg von Hauberrisser. Nach dem Entwurf des damals 25-Jährigen ließ die Stadt in drei Bauphasen das Neue Rathaus im neugotischen

Stil errichten. 1867 wurde begonnen, 1909 der Bau vollendet. 24 Altmünchner Häuser mussten dem Gebäude weichen, das mit seiner fast 100 Meter langen Fassade an der Platzseite den größten Herrscherzyklus an einem deutschen Rathaus erhielt. Die Frontseite zieren Standbilder der bayerischen Herrscher, angefangen vom Stadtgründer Heinrich dem Löwen bis zur fast kompletten Linie der Wittelsbacher, an den Seiten Sagengestalten, Heilige, Tiere, Wappen und Fratzen. Im Turm: Mit 43 Glocken Europas fünftgrößtes Glockenspiel. Im Zweiten Weltkrieg wurden das Glockenspiel sowie das gesamte Neue Rathaus beschädigt und auf Wunsch der amerikanischen Besatzungsmacht, die im unzerstörten Trakt des Rathauses Quartier bezogen hatte, als Erstes wieder in Stand gesetzt. Es ist täglich um 11 und 12 Uhr zu hören, im Sommer auch um 17 Uhr.

Zwei Szenen aus der Münchner Stadtgeschichte werden dargestellt: die Hochzeit von Herzog Wilhelm V. mit Renate von Lothringen im Februar 1568 auf der oberen Ebene und auf der unteren der Schäfflertanz. Er erinnert, wie auch der mächtige Drache in der Rathausfassade an der Ecke zur Weinstraße, an eine schwere Pestepidemie, die der Lindwurm gebracht haben soll. Aus Furcht vor der Epidemie hatte sich die Bevölkerung in ihre Häuser und Wohnungen zurückgezogen. Nach dem Abklingen der Seuche trauten sich die Fassmacher als Erste wieder auf die Straßen. Sie führten ein lustiges Schauspiel auf, den so genannten Schäfflertanz, um die Bevölkerung zu erheitern. Doch nicht

Glockenspiel im Turm des Neuen Rathauses

nur im Glockenspiel, sondern auch auf dem Marienplatz wird der Schäfflertanz aufgeführt, der stets mit dem Bayerischen Defiliermarsch eingeläutet und beendet wird. Allerdings nur alle sieben Jahre. Das nächste Mal 2026.

Wenden wir uns nun den Innenhöfen des Neuen Rathauses zu. Auch sie sollten ausführlicher studiert werden. Sie sind eine Oase der Ruhe im Vergleich zum bunten Treiben auf dem Marienplatz. Außer in der Adventszeit, wenn sich die Stände des Christkindlmarkts vor dem Marienplatz bis in die Innenhöfe des Rathauses fortsetzen. Der sehenswerteste der Höfe ist der Prunkhof. Er ist am besten vom Marienplatz und von der Weinstraße aus zu erreichen. Im Sommer ist hier der Biergarten des Ratskellers, dessen Tische und Bänke das Bodenmosaik verdecken. An der Westseite des Hofs befindet sich ein reich verzierter Treppenturm. Auf ihm sind Figuren vom jungen Mädchen bis zur alten Frau, vom Knaben bis zum Greis zu sehen. Sie symbolisieren die Menschenalter, die Vergänglichkeit des Lebens.

Im Portal zur ehemaligen Kassenhalle, der heutigen Rathausgalerie, ist das Münchner Stadtwappen zu sehen. Rechts davon ein in Stein gehauener schwanzwedelnder Hund, ihm gegenüber ein knurrender Mops. Der eine begrüßt freudig diejenigen, die Geld für den Stadtsäckel bringen, der andere knurrt diejenigen an, die Geld hinaustragen.

Unweit des Neuen Rathauses dominiert der Turm des Alten Rathauses die Ostseite des Marienplatzes. 56 Meter hoch befindet sich in seinem Inneren die Rathausglocke sowie seit 1983 das Spielzeugmuseum. Turm und Altes Rathaus waren im Zweiten Weltkrieg vollkommen zerstört worden. Ab 1952 baute die Stadt zunächst den bereits 1310 erstmals erwähnten Saalbau sowie später auch den Turm wieder auf. Der Saal wurde dabei im spätgotischen Stil rekonstruiert. Dort residierte 1669 der Landtag, 1805 diente er als Impfstätte für die erste Pockenschutzimpfung, später wurden in ihm die Lottozahlen gezogen. Am 9. November 1938 setzten Adolf Hitler und Joseph Goebbels dort die Reichspogromnacht in Gang. Daran erinnert eine Tafel an der Außenmauer rechts vom Eingang des Al-

Erinnert an schreckliche Zeiten: Gedenktafel

ten Rathauses. Heute dient der nicht öffentlich zugängliche Saal Gedenkfeiern, Preisverleihungen, Festakten sowie städtischen Veranstaltungen und kann auch gemietet werden.

Wir wenden dem Turm des Alten Rathauses den Rücken zu und gehen über den Marienplatz, vorbei am Fischbrunnen. Er ist nicht nur wie die Mariensäule beliebter Treffpunkt auf dem Marienplatz, sondern auch Platz eines auf das Jahr 1426 zurückgehenden Brauchs. Alljährlich am Aschermittwoch wird

Altes Rathaus

Fischbrunnen vor dem Neuen Rathaus

dort mit dem Oberbürgermeister der leere „Geldbeutel gewaschen". Wer dies macht, soll angeblich das Jahr über keine Geldsorgen haben. Die Prozedur ist ein Wink mit dem Zaunpfahl: Nach dem Faschingsvergnügen ist der Geldbeutel leer und eine Lohnerhöhung wäre angebracht.

Geld ausgeben lässt sich in München nicht nur zur Faschingszeit. In der Kaufinger Straße, neben der Neuhauser Straße die frequentierteste Einkaufsstraße Münchens, säumen Geschäfte die Straßenseiten, Früchte und Leckereien werden an Ständen angeboten, Straßenkünstler und Restaurants laden zum Verweilen ein. Seit 1972 ist die Straße Fußgängerzone. Erstmalig 1316 als Chufringerstraße erwähnt, trägt sie neben dem Rindermarkt den ältesten Straßennamen Münchens. Wir biegen nun rechts in die Mazaristraße ein und stehen vor dem Seiteneingang der Frauenkirche, kurz „Dom" genannt. Mit ihren zwei fast 100 Meter hohen Türmen mit den „Welschen Hauben" prägt sie die Silhouette der Stadt. Die Türme sind seit 2004 Maßstab für die Höhe der Gebäude im Stadtgebiet. Die Münchner sprachen sich damals in einem Bürgerentscheid dafür aus, das kein Gebäude höher als die Türme der Frauenkirche sein dürfe. Der Südturm kann normalerweise bestiegen werden, wegen Sanierungsarbeiten ist er jedoch derzeit gesperrt. Nachdem einige Stufen erklommen sind, geht

Frauenkirche

es mit dem Aufzug in luftige Höhen vorbei an den sieben Glocken. Der Rundblick reicht über die Altstadt, bei klarem Wetter bis zu den Alpen. Wann dies allerdings wieder möglich sein wird, ist ungewiss. Der Turm wird seit 2015 renoviert.

Doch die Frauenkirche, die richtig „Dom zu unserer Lieben Frau in München“ heißt, ist auch sonst ein Bau der Superlative. Der in nur 20 Jahren zwischen 1468 und 1488 errichtete Ziegelbau kann bis zu 20.000 Menschen im 109 Meter langen und 40 Meter breiten Kirchenschiff fassen. Die dreischiffige, helle, gotische Kirche wurde während des Zweiten Weltkriegs zerstört und wieder aufgebaut. Gleich am Haupteingang hat der Teufel in einer beigefarbenen Bodenplatte seinen Fußabdruck hinterlassen – so sagt es zumindest die Legende. Es ist die Stelle, von wo aus keine Fenster in der Kirche zu sehen sind. Vor Freude darüber, dass die Menschen so dumm seien, eine Kirche ohne Fenster zu bauen, stampfte der Teufel in den Boden. Als er jedoch einen Schritt weiterging, wurden die durch Säulen verdeckten Fenster sichtbar, darunter auch das bis heute original erhaltene „Scharfzandfenster“ des Chors. Aus Wut darüber verwandelt sich der Teufel in Wind und wollte so den Bau zerstören.

Aber wie hätte ihm das gelingen können, da doch die Gottesmutter Maria Schutzherrin und Namensgeberin der Bischofskirche ist. Sie ist als Standbild im Altarbereich ebenso präsent wie auf zwölf Reliefs und zahlreichen Gemälden in der Kirche.

Weiter sehenswert ist unweit des Teufelsfußabdrucks am Haupteingang auf der rechten Seite das Prunkgrab für Kaiser Ludwig IV. den Bayern mit seinen Bronzefiguren. Unter der Kirche befindet sich die Bischofsgruft. Hier wurde zuletzt Julius Kardinal Döpfner beerdigt.

DOM · Frauenplatz 12 · 80331 München
Öffnungszeiten: tägl. 7.30 – 20.30 Uhr, außer während der Gottesdienste, Hauptgottesdienst So. 10 Uhr, sonst Messen morgens gegen 9 Uhr und abends gegen 17.30 Uhr mit Dommusik
Turmbesichtigung: wegen Baumaßen momentan nicht möglich!
Sonst April bis Oktober Mo. – Sa. 10 – 17 Uhr

Zum Dom hinaus gehen wir durch das Brautportal, das sich gegenüber der Mazaristraße befindet und halten uns links. Dort im Schatten der Frauenkirche befinden sich zwei Münchner Traditionslokale, das „Augustiner am Dom“ und das „Bratwurst Glöckl“. In Ersterem wird Münchens ältestes Brauereibier, das Augustiner, zu Spezialitäten aus Oberbayern wie Krustenbraten und Haxen ausgeschenkt, in Letzterem gibt es fränkische Spezialitäten wie Rostbratwürstl. Beide Lokale haben eine Gartenwirtschaft mit Blick auf den Dom.

AUGUSTINER AM DOM
Frauenplatz 8 · 80331 München · Tel.: 089/23238480
www.augustineramdom.de · Öffnungszeiten: tägl. 10 – 24 Uhr

NÜRNBERGER BRATWURST GLÖCKL AM DOM
Frauenplatz 9 · 80331 München · Tel.: 089/2919450
www.bratwurst-gloeckl.de
Öffnungszeiten: 10 – 1 Uhr
So. & Feiert. 10 – 23 Uhr

Dallmayr

Vom Frauenplatz gehen wir in die Albertgasse, überqueren die Weinstraße und gehen die Landschaftsstraße entlang. Auf diesem Teil der Strecke muss noch bis 2026 wegen des Baus des neuen S-Bahnhofes mit geänderter Wegführung gerechnet werden. Der Marienhof hinter dem Rathaus soll nach der Fertigstellung des neuen Bahnhofs mit Baumreihen und Sitzbänken zum Verweilen einladen. Am Ende der Landschaftsstraße befindet sich das ehemalige königlich-kaiserliche Delikatessen-

Dallmayr Außenansicht

geschäft Alois Dallmayr. Es gehört zu den wenigen Münchner Familienunternehmen und ist eine Institution. In den mit hohen Vasen aus Nymphenburger Porzellan geschmückten Räumen des 1879 zum königlich-bayerischen Hoflieferanten ernannten Geschäfts wird vom Meeresgetier über Käse bis hin zu Confiserie und Patisserie Feinkost angeboten. Im oberen Stockwerk gibt es ein Café-Bistro und ein Zwei-Sterne-Restaurant.

Zurück auf der Dienerstraße halten wir uns rechts und biegen rechts in den Hofgraben ab. Wenige Schritte später stehen wir rechts vor einem Torbogen. Wir gehen durch den Torbogen und befinden uns im Alten Hof. Der im Zweiten Weltkrieg größtenteils zerstörte Gebäudekomplex wurde wieder aufgebaut. Ursprünglich diente der Alte Hof ab 1255 Herzog Ludwig II. als Residenz. Sein Sohn Kaiser Ludwig der Bayer erklärte ihn zur Kaiserresidenz. Mit seiner Person ist auch der Name des gotischen Affenturms auf der rechten Seite neben dem Torbogen verbunden. Der Legende nach soll der zahme Affe seines Vaters den kleinen Ludwig aus der Wiege geklaut und ihn verfolgt vom erschrockenen Hofpersonal über den Erker auf das

Alter Hof mit Affenturm

Dach getragen haben, um ihn anschließend wieder wohlbehalten in die Wiege zu legen. Mehr zur Münchner Kaiserburg ist in der Dauerausstellung im Gewölbe des Alten Hofes zu erfahren. Außerdem ist dort ein Informationszentrum für Besucher der nicht staatlichen Museen und Schlösser in Bayern untergebracht.

MÜNCHNER KAISERBURG
Alter Hof 1 · 80331 München · www.muenchner-kaiserburg.de
Öffnungszeiten: Mo. – Sa. 10 – 18 Uhr, So. & Feiert. geschlossen
Multimedia-Präsentation zur halben und vollen Stunde
Letzte Vorführung: 17.30 Uhr · Eintritt frei

Wir verlassen den Alten Hof durch das Tor neben dem Affenturm und laufen die Burgstraße hinunter. Rechter Hand ist Nr. 5, das sogenannte Weinstadl. Es ist mit seiner bemalten Renaissancefassade eines der ältesten erhaltenen Bürgerhäuser Münchens. Ehemals waren dort Stadtschreiberei und das Amt für Isargoldwäscherei untergebracht. In seinem Gewölbe und unter dem Laubengang im Innenhof lässt sich im Hofer – Der Stadtwirt gemütlich speisen. Dort steht der „Schneck“, ein tuffsteingemauerter Turm, dessen Treppe sich ähnlich einem Schneckenhaus nach oben windet.

HOFER - DER STADTWIRT · Burgstraße 5 · 80331 München
Tel.: 089/24210444 · www.hofer-der-stadtwirt.de
Öffnungszeiten: Mo. - Sa. 10 - 24 Uhr, So. & Feiert. geschlossen

Schräg gegenüber in Nr. 4 residiert das Kulturreferat der Stadt München. Am Ende der Burggasse geht es links unter dem Bogen des Alten Rathauses hindurch und sofort wieder links in die Sparkassenstraße, dann rechts in die Ledererstraße. In Nr. 3 ist das Zerwirkgewölbe zu sehen. In dem im Kern mittelalterlichen Gebäude wurde einstmals das Wild nach Hofjagden gelagert und später Bier gebraut. Es ist einer der wenigen Profanbauten Münchens mit Kreuzgratgewölbe in den Innenräumen.

Weinstadl

Von der Ledererstraße geht es links in die Orlandostraße mit dem gleichnamigen Orlandohaus am Ende der Straße, die ins Platzl mündet. Hier steht auch das weltberühmte Hofbräuhaus. Beide Gebäude wurden vom Architekten Max Littmann um 1900 erreichtet und ziehen jährlich Millionen von Besucher aus aller Welt an. Im Orlandohaus betreibt Sterne- und Fernsehkoch Alfons Schuhbeck ein bayerisches Feinschmeckerlokal. Das Gebäude trägt den Namen des Renaissance-Komponisten und Kapellmeisters Orlando di Lasso, der im 16. Jahrhundert an derselben Stelle in einem Vorgängerbau des Orlandohauses lebte.

SCHUHBECKS ORLANDO · Platzl 4 · 80331 München
Tel.: 089/216690330 · info@schubeck.de
www.schuhbeck.de · Öffnungszeiten: tägl. 9 – 24 Uhr

Am Platzl befindet sich auch das Restaurant „Schuhbecks Südtiroler Stuben“ und das berühmte Münchner Hofbräuhaus, das ebenfalls Max Littmann erbaut hat. Ab 9 Uhr ist es 365 Tage im Jahr geöffnet. Die in Tracht servierenden Kellnerinnen und Kellner bewirten täglich bis zu 30.000 Gäste, darunter rund 50 Prozent Stammgäste. So wie der Rentner Kasper Mayer. Meist ab 15 Uhr kommt er ins Hofbräuhaus in Lederhosen mit einem Charivari verziert, auf dem Kopf einen Trachtenhut mit König-Ludwig-Emblem. Möchte er seine Pfeife rauchen, so muss er das draußen tun. Viele Touristen nutzen diese Gelegenheit, um sich mit einem echten Bayern fotografieren zu lassen.

Was die meisten Besucher nicht wissen dürften: Die bayerischen Herrscher bezogen bis ins 16. Jahrhundert Bier aus Sachsen und Kassel. Erst 1589 entschied Herzog Wilhelm ein eigenes Hofbräu zu errichten. Zunächst neben dem Alten Hof untergebracht, zog die Brauerei 1608 in ein größeres Gebäude an die heutige Stelle, dem so genannten Platzl. Erst ab 1828 durfte auch die Bevölkerung das Wirtshaus besuchen.

Hofbräuhaus

HOFBRÄUHAUS · Platzl 9 · 80331 München
Tel.: 089/290136100 · www.hofbraeuhaus.de
Öffnungszeiten: tägl. 9 – 24 Uhr

Gegenüber dem Hofbräuhaus liegt das „Hard Rock Cafe", eine Kultstätte anderer Art. Statt Blasmusik und Tracht gibt es hier Hardrock, amerikanische Küche und Kultgegenstände von Musikgrößen, darunter das weiße Bustier von Madonna, das sie 1985 auf ihrer Welt-Tournee zum Album „Like a Virgin" trug.

Hard Rock Cafe

HARD ROCK CAFE MÜNCHEN
Platzl 1 · 80331 München
Tel.: 089/2429490
www.hardrock.com
Öffnungszeiten Restaurant:
Mo. – Do. 12 – 23 Uhr
Fr. 12 – 24 Uhr
Sa. 11 – 24 Uhr
So. 11 – 23 Uhr
Öffnungszeiten Bar:
Mo. – Do. 12 – 24 Uhr
Fr. & Sa. 12 – 2 Uhr
So. 9.30 – 24 Uhr

Aus dem Gewusel rund ums Platzl geht es geradeaus an den Probenräumen des Bayerischen Staatsballets vorbei. Über dem Türeingang der Nr. 7 baumeln Ballettschuhe.

Weiter gehen wir bis zum Kosttor und biegen vor dem Wolfsbrunnen rechts in die Neuturmstraße ein. Wir halten uns rechts und laufen weiter in die Hochbrückenstraße von dort biegen wir links in die Dürnbräugasse. In Nr. 2 befindet sich das Münchner Dürnbräu. 1487, richtet der herzogliche Hofbräumeister Jorg Mülner im Tal, eine kleine Bräustube ein, wo bis 1903 eine Mälzerei mit Gaststätte betrieben wurde. Als eines der wenigen Gebäude blieb es von den Kriegszerstörungen verschont und wurde bereits im Juni 1945 als Gaststätte eröffnet.

Eingang zum Probenraum des Staatsballetts

ZUM DÜRNBRÄU
Dürnbräugasse 2
80331 München
Tel.: 089/222195
www.zumduernbraeu.de
Öffnungszeiten:
tägl. 10 – 23 Uhr außer 25.12.

Von dort aus biegen wir rechts ins Tal ab, wo wir nach rund 100 Metern das 1490 erstmals erwähnte Weiße Bräuhaus finden. 1872 errichtete Georg Schneider dort eine Weißbierbrauerei. Über Jahrhunderte als Weißes Bräuhaus bekannt, firmierte es 2015 in Schneider-Bräuhaus um.

Wir wechseln auf die andere Straßenseite und machen einen kurzen Abstecher in die Heilig-Geist-Kirche. In dem gotischen Bau, der während des Zweiten Weltkrieges zerstört wurde, bestechen vor allem die rekonstruierten Barock-Fresken der Brüder Asam.

Die Kirche steht direkt neben dem Viktualienmarkt. Ein Bummel über den 22.000 Quadratmeter großen Platz ist ein Muss für jeden Münchenbesucher. Seit 1807 werden dort Viktualien angeboten, sprich Vorräte oder Lebensmittel. Das Wort leitet sich vom spätlateinischen *victus* ab. Für den Gaumen eine Freude und gleichzeitig eine Augenweide bieten die mehr als 140 Stände bayerisches und exotisches Obst, Gemüse, Käse, Backwaren bis hin zur

Heilig-Geist-Kirche

Leberkas-Semmel. Von 9 bis 20 Uhr sind die Stände montags bis samstags geöffnet. Wer zum Rendezvous – am besten trifft man sich am 37 Meter hohen Maibaum – einen Blumenstrauß mitbringen möchte, findet an zahlreichen Blumenständen eine reiche Auswahl. Geflirtet oder einfach geratscht werden kann gleich im Biergarten, der sich in der Nähe des Brunnens von Volksschauspieler und -sänger Weiß Ferdl befindet. Er ist einer von sechs Brunnen, die verschiedenen Münchner Künstlern, darunter Volkssänger und Volksschauspieler Karl Valentin und Liesl Karlstadt, gewidmet sind. Die Brunnen mit ihren Figuren werden am ersten Freitag im August zum Brunnenfest besonders schön mit Blumen geschmückt. Hoch her geht es beim Tanz der Marktfrauen am Faschingsdienstag. Ab 10.30 Uhr führen die verkleideten Standfrauen auf einer Bühne mitten auf dem Viktualienmarkt Paar- und Gruppentänze auf. Dann drängen sich tausende von Menschen auf dem Platz, um dem bunten Treiben beizuwohnen.

Karl-Valentin-Brunnen

Maibaum auf dem Viktualienmarkt

Am Maibaum geradeaus treffen wir auf die Schrannenhalle am Viktualienmarkt 15, in der auf 4.600 Quadratmetern italienische und lokale Spezialitäten eingekauft oder in verschiedenen Restaurants gespeist werden kann. Wir gehen bis zur Straße vor und biegen links in die Prälat-Zistl-Straße ein, von dort rechts auf den Sebastiansplatz und gehen weiter auf den St.-Jakobs-Platz. Gleich zur rechten ist das Stadtmuseum. Gegründet 1888, ist es in einem ehemaligen Zeughaus aus dem 15. Jahrhundert sowie einem Nachbau des mittelalterlichen Marstalls untergebracht. Es verfügt unter anderem über Sammlungen zu Puppentheater, Musikinstrumenten, Schaustellerei und Fotografie sowie zu den Moriskentänzern. Die aus Holz geschnitzten Figuren sind Meisterwerke spätgotischer Kunst in Deutschland. Außerdem befindet sich in dem Gebäude ein Filmmuseum. Das Gartenrestaurant im Innenhof ist eine Oase der Ruhe.

Münchner Stadtmuseum

Vom Freiluftsitz vor dem Museum lässt sich das Treiben auf dem St.-Jakobs-Platz verfolgen. Hier stehen seit 2006 die Neue Jüdische Hauptsynagoge Ohel Jakob und das Jüdische Museum. Der helle Sockel der quadratischen 28 Meter hohen Synagoge erinnert an die Klagemauer in Jerusalem. Das Hauptportal zieren die ersten Buchstaben des hebräischen Alphabets. Die Synagoge kann nur mit Führung besucht werden.

MÜNCHNER STADTMUSEUM · St.-Jakobs-Platz 1 · 80331 München
Tel.: 089/23322370 · www.muenchner-stadtmuseum.de
Öffnungszeiten: Di. – So. 10 – 18 Uhr
Eintritt: Dauerausstellung 4 €, ermäßigt 2 €
Gesamtes Haus 7 €, ermäßigt 3,50 €
Ab Ende 2022 Generalsanierung geplant mit Interimsbetrieb

JÜDISCHE HAUPTSYNAGOGE OHEL JAKOB
St.-Jakobs-Platz 18 · 80331 München · Tel.: 089/202400100
www.ikg-m.de · anmeldung@ikg-m.de
Führungen Synagoge: regelmäßige Termine auf Anfrage

Jüdische Hauptsynagoge Ohel Jakob

Wir gehen am Stadtmuseum entlang und biegen rechts in den Oberanger und laufen bis zum Rindermarkt. Rechts befindet sich der Löwenturm, ein 23 Meter hoher Backsteinturm aus dem Mittelalter inmitten von modernen Glasfassaden. Bereits am Namen ist die Bedeutung des Rindermarkts erkennbar. Drei riesige Rinder vor einem Brunnen erinnern an den ehemaligen Viehmarkt, von wo aus wir auch schon den Alten Peter am Ende der Straße sehen. Dort steht auf dem Petersplatz St. Peter, die älteste Pfarrkirche Mün-

Löwenturm

Alter Peter

chens. Sie wurde vor rund 800 Jahren gebaut und war im Zweiten Weltkrieg fast völlig zerstört worden. Auf den 91 Meter hohen Turm Alter Peter führen 300 Stufen.

ALTER PETER
Öffnungszeiten: Mo. – Sa. 9 – 18 Uhr · So. 10 – 18 Uhr
So. nach Fronleichnam ab 12 Uhr, 24. & 31.12. bis 14 Uhr
Eintritt Turmbesteigung: 3 €

Wir treten aus dem Turm und überqueren die Straße. Wir nehmen den kleinen Durchgang am Rindermarkt 17 in einen Innenhof und gelangen so auf der anderen Seite in die Rosenstraße, die wir links hinabgehen bis wir in die Sendlinger Straße kommen. Die lebhafte Straße in der bis 2010 in Nr. 8 der Verlag der *Süddeutschen Zeitung* war, ist mittlerweile Fußgängerzone. Auf der rechten Seite biegen wir in die Hackenstraße. Dort findet sich nach rund 150 Metern der ehemalige Königliche-Hof-Vergolderwaarenfabricant F. Radspieler, heute einfach als Radspieler bekannt. Im Palais des Grafen Rechberg, Hausnummer 7, das unter anderem von Herzog Albrecht Sigmund und Herzog Maximilian Heinrich sowie 1828 bis 1829 von Heinrich Heine bewohnt wurde, ist das Fachgeschäft der besonderen Art untergebracht, dessen Besuch wie der eines Museums anmutet. Dort gibt es in historischen Räumen zeitlos schöne Möbel, Designerstoffe für Vorhänge und Kleider, Koch- und Essenszubehör – Waren, die vererbt werden können, aber auch Kleider. Umschlossen von den Mauern des Gebäudes liegt der Garten da, ein Zufluchtsort von der Hektik der Straße.

Wir gehen um das Gebäude von Radspieler herum, halten uns links und nehmen den kleinen Durchgang durch den Asamhof. In den 1980er Jahren entstanden, gibt es hier um mehrere begrünte Innenhöfe gruppiert Cafés, Restaurants sowie kleine Büros und Praxen. Wir halten uns immer links bis wir auf die Sendlinger Straße stoßen. Dort gehen wir rechts und kommen zur Asamkirche. Sie ist von außen nicht auf den ersten Blick als Kirche erkennbar. Das Kleinod des bayerischen Barock ist dem heiligen Nepomuk geweiht. Die Brüder Asam erbauten sie als Privatkirche für sich selbst. Die beiden Brüder – Cosmas Damian war Freskenmaler, Egid Quirin Bildhauer, Altarbauer und Stuckateur – legten ihr ganzes Können in den Bau der Kirche, die ein persönliches Werk zu Ehren Gottes werden sollte. Die Fertigstellung erlebten beide Brüder nicht mehr.

Sehenswert ist neben der Kirche auch das Asamhaus. Die aufwendigen Stuckarbeiten zeigen die Meisterschaft der Brüder, die in Italien gelernt hatten und maßgeblich den bayerischen Barock prägten. Auf unseren Spaziergängen finden sich immer wieder Spuren von ihnen.

Mit diesem Höhepunkt ist unsere Runde zu Ende. Wir gehen zum Sendlinger Tor, wo wir die nächste U-Bahn-Station finden oder in eines der Lokale oder Cafés rund ums Tor einkehren können.

Rückfahrt: Sendlinger Tor · U1–3, U6–8; Tram 12, 16–21, 27, 28; Bus 52, 62

Altstadtrundgang 2

Von Münchens schönster Kirche zum belebtesten Platz der Stadt

Altstadtrundgang 2

Von Münchens schönster Kirche zum belebtesten Platz der Stadt

München wird von den Einheimischen gerne als nördlichste Stadt Italiens bezeichnet. Wir beginnen unseren Rundgang am Odeonsplatz und erleben „la dolce vita" hautnah. Hier stehen „Münchens schönste Kirche", die Theatinerkirche, ein spätbarocker, zweiturmiger Bau, die Feldherrenhalle, eine Loggia nach Florentiner Vorbild, und Münchens ältestes Café.

Anfahrt: Odeonsplatz · U3 – 6; Bus 100 (Museumslinie)
Länge: 2 km

Wir kommen mit der U-Bahn, nehmen den Ausgang Richtung Theatinerstraße und fahren mit der Rolltreppe nach oben. Hier erwartet uns Münchens italienischster Platz. Der Obststand an der Rolltreppe, auch die Bauten, erwecken den Eindruck, als ob wir uns in der Stadt geirrt hätten. Nicht zu Unrecht fühlen wir uns an Florenz erinnert. Der dreibogige Monumentalbau, die Feldherrenhalle,

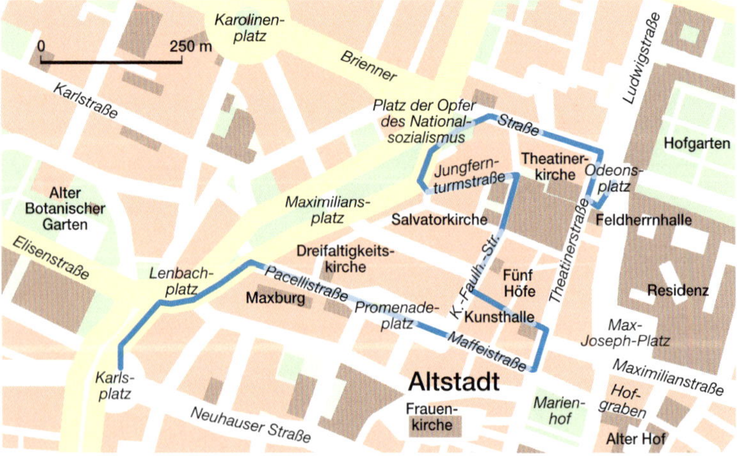

Feldherrenhalle

vor uns, ist ein Abbild der Loggia dei Lanzi in Florenz. Der bayerische König Ludwig I. ließ sie 1841 bis 1844 von Friedrich von Gärtner zu Ehren des bayerischen Heeres errichten. Wir steigen die Steinstufen zwischen den beiden gewaltigen Löwen hinauf und genießen von oben den herrlichen Blick auf den Platz. Von hier aus schauen wir die ein Kilometer lange Ludwigstraße entlang, auf die Universitätskirche auf der rechten Seite, Paläste, die ebenso wie die Feldherrenhalle im florentinischen Stil erbaut sind und ganz am Ende auf das Siegestor.

Hier oben in der Feldherrenhalle am Fuße der Bronzestatuen der Feldherren Graf Tilly und Fürst Wrede sowie des Bayerischen Armeedenkmals spielen jeden Sommer die Münchner Philharmoniker beim größten Münchner Klassik Open Air Kompositionen von Tschaikowsky, Beethoven und Bruckner, um nur einige zu nennen. Doch wo heutzutage Tausende von Klassikfans den Klängen des bekannten Orchesters lauschen, wurde am 9. November 1923 der Putsch um Adolf Hitler und Erich Ludendorff niedergeschlagen. Vier Polizisten und 16 Putschisten kamen dabei ums Leben. Während der Nazizeit war an der Ostseite des Denkmals eine Gedenktafel angebracht. Passanten mussten den Toten per Hitlergruß die Ehre erweisen. Wer sich davor drücken wollte, nutzte die Viscardigasse hinter der Feldherrenhalle, die fortan auch „Drückebergergassl“ genannt wurde. Goldene Pflastersteine erinnern heute an diesen Protest, eine Bronzetafel an der Residenz am Zugang zum Kaiserhof an die vier getöteten Polizisten.

Doch wenden wir uns nun einem erfreulicheren Kapitel der Münchner Geschichte zu. Wir gehen die Stufen hinunter und schauen nach links. Vor uns erheben sich die beiden Türme der Theatinerkirche St. Kajetan mit prächtiger Kuppel. Ihren Namen verdankt sie ihrem Patron, dem heiligen Kajetan von Thiene, der den Theatinerorden gründete. 1662 hatte Henriette Adelheid von Savoyen die „schönste und wertvollste Kirche“ Münchens bei dem Italiener Agostino Barelli beauftragt. Sie wurde als Dank für die Geburt des späteren Kurfürsten Max Emanuel errichtet. Sein Standbild

Theatinerkirche

steht heute auf dem Promenadenplatz, den wir später auf unserem Spaziergang bewundern können. Zuerst sollten wir unbedingt die Kirche besuchen. Der Innenraum des spätbarocken Baus, dessen Außenfassade erst rund 100 Jahre nach der Weihe vollendet wurde, beeindruckt durch reiche weiße Stuckarbeiten und korinthische Säulenelemente. Geschichtsinteressierte sollten sich nicht die Fürstengruft entgehen lassen. 49 Angehörige der Wittelsbacher sind dort beigesetzt, darunter Prinzregent Luitpold und Kaiser Karl VII.

Wer ob der vielen Wittelsbacher Namen erst einmal eine Verschnaufpause einlegen möchte, kann dies schräg gegenüber im Annast-Haus tun. Dort befand sich bis Jahresende 2016 Münchens ältestes durchgehend betriebenes Kaffeehaus Luigi Tambosi. Ende 2016 bis Ende 2017 wurden die zweistöckigen Räumlichkeiten durch Promiwirt Ugo Crocamo umgebaut und sind jetzt Kaffeehaus, Bar und Restaurant. 1775 eröffnet, wurde das Gebäude 1822 abgebrochen und durch einen Bazarbau ersetzt. Der Kaffeehausbe-

Tambosi

trieb aber ging weiter. Auch als sich 100 Jahre nach Gründung des Cafés die Nachfahren der Familie Tambosi aus dem Geschäft zurückzogen. Für die Münchner blieb das Kaffeehaus trotz wechselnder Namen das Tambosi. Einst wie heute verabreden sich hier Menschen zum Rendezvous, genießen einen Latte Macchiato oder setzen sich draußen auf einen der freien Stühle, um das muntere Treiben zu beobachten.

TAMBOSI · Odeonsplatz 18 · 80539 München
Tel.: 089/90183076 · www.tambosi-odeonsplatz.de
Öffnungszeiten: tägl. 8 – 1 Uhr

Schräg gegenüber geht es in die Brienner Straße. Sie war im 19. Jahrhundert die erste große Straßenanlage der Stadt und gehört heute noch wie die Maximilian-, Ludwig- und Prinzregentenstraße zu den Prachtstraßen Münchens. Gleich an der Ecke Odeonsplatz/Brienner Straße Nr. 1 befindet sich das von Leo von Klenze 1824 bis 1825 errichtete Palais Moy. Wenige Schritte weiter befindet sich in Hausnummer 6 das Palais Méjean, ein Werk von Klenze und Metivier. Das Gebäude wurde nach Kriegszerstörungen wieder aufgebaut. Bleiben Sie auf dieser Straßenseite, genießen Sie das Bummeln entlang prächtiger Schaufensterauslagen. Von Luxusautos über Ölgemälde bis zu Damenbekleidung ist hier alles zu finden. Scheuen Sie sich nicht, durch einen der Durchgänge zu gehen und in den Innenhof zu schauen. Dort finden sich plätschernde Brunnen, weitere Luxusgeschäfte und Münchner Innenhofleben. Doch versäumen Sie ob des Schaufensterbummels nicht, am Wittelsbacher Platz zu halten. Er ist der schönste klassizistische Platz Münchens. Auch hier hat Leo von Klenze seine Spuren hinterlassen. Von der Südseite aus haben wir den besten Blick auf das Palais Ludwig Ferdinand – ein von Leo von Klenze errichteter Bau.

1825 gestaltete er die Fassade für den Silberdrahtfabrikanten Karl Anton Vogel und bezog im Gebäude selbst das Piano nobile, auch Beletage genannt. Dort lebte er bis 1859. In dem nach seinem Folgebesitzer Prinz Ludwig Ferdinand von Bayern benannten Palais ist seit 1949 die Hauptverwaltung der Siemens AG untergebracht. Das während des Zweiten Weltkriegs zerstörte Gebäude ist eine Rekonstruktion und wurde 2016 nebst Nachbargebäude saniert. Hinter den historischen Fassanden befindet sich ein moderner Neubau mit Innenhof. Er bietet einen Durchgang zwischen Wittelsbacherplatz und dem Altstadtring und verbindet so das Kunstareal besser mit der Altstadt.

Wittelsbacher Platz mit Reiterstandbild von Maximilian I.

Rechts davon ist das ehemalige Konzerthaus Odeon zu sehen, das ebenfalls im Krieg zerstört wurde und heute Sitz des Bayerischen Innenministeriums ist. Auf der anderen Seite des Platzes befindet sich das Palais Arco-Zinneberg. Über dem gesamten Platz thront auf einem Reiterdenkmal Kurfürst Maximilian I. Zu seinen Füßen tummeln sich im Sommer Tausende beim Hamburger Fischmarkt und im Winter beim Mittelaltermarkt.

Wenige Schritte weiter liegt der Luitpoldblock. Dort können wir unabhängig vom schlechten Wetter gemütlich durch exklusive Geschäfte bummeln. 1812 als erstes Geschäftshaus außerhalb der Stadtmauern eröffnet, beherbergt es seit 1888 das Café Luitpold. Bis zum Ende des Zweiten Weltkriegs war es mit seinen 20 Festsälen als Palastcafé in aller Welt ein Begriff. Künstler wie Stefan George, Frank Wedekind oder die Redaktionsmitglieder des Simplicissimus trafen sich hier. Das Gebäude wurde am Ende des Zweiten Weltkriegs zerstört und nach seinem Wiederaufbau immer wieder umgestaltet. Seit den 1980er Jahren können Gäste unter einer 12 Meter hohen Glaskuppel im Palmengarten des Cafés

Luitpoldblock

sitzen. Mehr über die Kaffeehauskultur erfahren Sie bei freiem Eintritt in Münchens kleinstem Museum, das täglich von 10 bis 19 Uhr geöffnet hat.

CAFE LUITPOLD
Brienner Straße 11
80333 München
Tel.: 089/2428750
www.cafe-luitpold.de
Öffnungszeiten: Mo. 8 - 19 Uhr
Di. - Sa. 8 - 23 Uhr
So. 9 - 19 Uhr

Auf unseren Spaziergängen befinden sich immer wieder Erinnerungsstätten, die sich kritisch mit Bedeutung und Funktion Münchens als sogenannte „Hauptstadt der Bewegung" auseinandersetzen. So auch der Platz der Opfer des Nationalsozialismus wenige Schritte vom Luitpoldblock entfernt in der Brienner Straße. Dort steht ein 1985 vom Bildhauer Andreas Sobeck geschaffenes Kunstwerk. Es soll daran erinnern, dass Menschlichkeit auch durch Unterdrückung nicht ausgelöscht werden kann. Symbol dafür ist die hinter einem Bronzegitter gefangene, Tag und Nacht brennende Flamme. Bänke vor dem Platz laden dazu ein, unter Platanen zu verweilen. Der Platz für die Basaltstele mit Flamme ist bewusst gewählt. Er liegt gegenüber dem im Zweiten Weltkrieg zerstörten Wittelsbacher Palais. Auf dem Gelände befindet sich heute die Zentrale der BayernLB.

Ursprünglich nutzte König Ludwig I. das Palais als Alterssitz, ab 1933 befand sich in dem Gebäude Hauptquartier und Gefängnis der Gestapo. Viele wurden dort misshandelt und verhört, darunter

Platz der Opfer des Nationalsozialismus

Widerstandskämpfer Georg Elser, Jesuitenpater Rupert Mayer und Mitglieder der „Weißen Rose“.

Wir stehen mit dem Rücken zur Basaltstele mit Flamme, gehen Richtung der Bänke und am Gebäude entlang, wo wir links in die Jungfernturmstraße einbiegen. Sie liegt auf der Rückseite des Luitpoldblocks. Dort begegnen wir Münchens mittelalterlicher Geschichte. Die Backsteinmauer – der letzte Rest der inneren Stadtmauer – ist heute in ein modernes Parkhaus integriert. Der Turm der Stadtmauer, der sogenannte Jungfernturm, diente zeitweilig als Kulissenmagazin für die Oper. 1804 wurde er samt Stadtmauer im Zuge der Entfestigung der Stadt größtenteils abgetragen.

Am Ende der Jungfernturmstraße gelangen wir rechts auf den Salvatorplatz. Im Gebäude Nr. 1 ist seit 1997 das Literaturhaus untergebracht. Das Erdgeschoss des 1887 im Stil der Neorenaissance errichteten Baus mit seinen hohen Bögen diente

Stadtmauer Jungfernturmstraße

bis 1906 als Markthalle. Ab 1925 drückten dort in der ersten Mädchenrealschule Bayerns Schülerinnen die Schulbank. Heute befinden sich im Erdgeschoss ein Café sowie Ausstellungsräume des Literaturhauses. Für das umfangreiche Programm an Ausstellungen, Lesungen, Diskussionen und Workshops ist seit Juli 2016 Tanja Graf als Geschäftsführerin verantwortlich. Die ehemalige Verlegerin und Lektorin ist die Lebensgefährtin des Schriftstellers Patrick Süskind. Er schrieb den berühmten Roman „Das Parfüm", den der 2011 verstorbene deutsche Regisseur Bernd Eichinger verfilmt hat.

Wer Zeit hat, sollte abends in eine der Lesungen gehen, die im Obergeschoss des Literaturhauses stattfinden. Übrigens: Von dort aus gibt es einen unvergleichlichen Blick auf die Theatinerkirche. Eine Aussicht über die gesamte Stadt eröffnet sich einen Stock höher vom Raucheraustritt aus. Wenn Sie Glück haben, ist er geöffnet. Er ist am Ende des Foyers über eine Wendeltreppe erreichbar.

Erzbischöfliches Palais

Neben dem Literaturhaus ist seit 1829 die griechisch-orthodoxe Salvatorkirche untergebracht. Der original erhaltene Sakralbau stammt aus der Spätgotik.

Wenige Schritte weiter befindet sich in der Kardinal-Faulhaber-Straße 7 das Erzbischöfliche Palais auf der linken Seite. François de Cuvilliés erbaute es für die Geliebte des Kurfürsten Karl Albrecht, Gräfin Holnstein, von 1733 bis 1737. Mit ihr hatte er einen gemeinsamen Sohn. Seit 1821 ist das Palais Amtssitz und Wohnung der Erzbischöfe von München und Freising. So lebte der spätere Papst Benedikt XVI.

während seiner Zeit als Erzbischof Kardinal Ratzinger von 1977 bis 1982 in dem Gebäude. Eines der Prunkstücke des 2012 restaurierten Palais ist das Deckenfresko des Malers und Stuckateurs Johann Baptist Zimmermann im Treppenhaus. Der im Besitz des bayerischen Staates befindliche Bau ist nicht zu besichtigen.

Links kommt kurz darauf der Eingang in die Prannerpassage, die in die Einkaufspassage „Fünf Höfe" führt. Anfang der 2000er eröffnet, bietet sie auf 17.500 Quadratmetern Kunst, Kulinarik und Lifestyle. Das

Kardinal-Faulhaber-Straße

Passage mit hängenden Gärten

Konzept sieht vor, möglichst viele Einzelhandelsgeschäfte zu vereinen, die so nur in München zu finden sind. Jährlich mehr als sieben Millionen Besucher bummeln durch die Passagen und lassen sich von den „hängenden Gärten“ von Tita Giese und der Stahlskulptur von Olafur Eliasson faszinieren.

Mehrere Ausstellungen im Jahr von internationalem Ruf bietet die Kunsthalle München der Hypo-Kulturstiftung am Ende der „Fünf Höfe“ zur Theatinerstraße hin. Das anspruchsvolle Ausstellungsprogramm reicht von der Vor- und Frühgeschichte bis in die unmittelbare Gegenwart. Gezeigt werden Malerei, Skulpturen, Grafik, Fotografie, Kunsthandwerk oder Design.

KUNSTHALLE MÜNCHEN
Theatinerstraße 8 · 80333 München
Tel.: 089/224412 · www.kunsthalle-muc.de
Öffnungszeiten: tägl. 10 – 20 Uhr
Eintritt: 12 €, ermäßigt 6 €

Von den Fünf Höfen geht es in die Theatinerstraße. Wir halten uns rechts, biegen rechts in die Maffeistraße und folgen dem Verlauf der Straßenbahngleise. Auf der linken Seite finden wir das Geschäft eines ehemals königlich bayerischen Hoflieferanten, das Handschuhgeschäft Roeckl. Der Gründer des Unternehmens, Jakob Roeckl (1808–1874), durfte zunächst nur Studentenmützen und Tschakos für die Münchner Bürgerwehr herstellen und verkaufen. Nachdem er ein spezielles patentiertes Verfahren zum Gerben von Lamm- und Ziegenfellen entwickelt hatte, um daraus Glaceehandschuhe zu fertigen, erhielt er 1849 eine Konzession für das Handschuhfertigen. 1893 beantragte sein Enkel Heinrich den Hoftitel. Er durfte sich „Königlich Bayerischer Hofhandschuhfabrikant“ nennen. Es folgten weitere Hoflieferantentitel. Seit 2003 führt Annette Roeckl das Traditionsunternehmen in sechster Generation.

Ein weiterer Name, der mit Münchner Einkaufstradition verbunden ist, ist das Geschäft Lodenfrey. 1842 kam sein Gründer, Johann Georg Frey, als gelernter Weber nach München und begann mit zehn Webstühlen. Auch er entwickelte wie Roeckl Bahnbrechendes auf seinem Gebiet. So erhielt er 1855 auf der Pariser Weltausstellung die Goldmedaille für sein wasserabweisendes Loden. Der deutsche und österreichische Adel, darunter Kaiser Franz Joseph I., trägt den Stoff fortan zur Jagd und macht ihn damit hoffähig. Heute verkauft das in fünfter Generation geführte Unternehmen nicht nur seine eigene Lodenproduktion, sondern auch internationale Bekleidungsmarken für Damen, Herren und Kinder.

Lodenfrey

Schräg gegenüber von Lodenfrey ist der Bayerische Hof. Die Gästeliste des 1839 gegründeten Hotels liest sich wie das Who is Who der Weltgeschichte. Von Kaiserin Elisabeth, über Sigmund Freud, Bing Crosby, Maria Callas, Sophia Loren bis hin zu Muhammad Ali, Mick Jagger und Michael Jackson gehen Größen aus Kunst, Kultur, Politik und Wirtschaft bis heute dort ein und aus. Alljährlich wird die Münchner Sicherheitskonferenz im Festsaal abgehalten. Ursprünglich beherbergte es die Gäste von König Ludwig I. Er ließ das Haus von Stadtarchitekt Friedrich von Gärtner planen. Sein erster Pächter war der Namensgeber der Maffeistraße, Joseph Anton von Maffei. Der aus einem italienischen Handelsgeschlecht stammende Industrielle gründete in München eine Eisenbahnfabrik. Er lieferte nicht nur 1841 die erste Dampflok für den Zugverkehr zwischen München und Augsburg, sondern auch den ersten Dampfer für die Schifffahrt auf dem Starnberger See. Das Grab des 1870 Verstorbenen befindet sich noch heute auf dem Alten Südfriedhof.

Kurt Eisner

Maximilian Joseph Graf von Montgelas

Wir biegen in die Kardinal-Faulhaber-Straße ein, wo auf der linken Straßenseite auf Höhe des Hause Nr. 14a vor exklusiven Schaufensterauslagen eine Bronzeplatte in den Gehsteig eingelassen wurde. Sie erinnert dran, dass an dieser Stelle am 21. Februar 1919 Bayerns erster Ministerpräsident Kurt Eisner vom rechtsradikalen Offizier Anton Graf von Arco-Valley ermordet wurde. Der unabhängige Sozialdemokrat hatte am 7. November 1918 den Sturz der Monarchie gefordert, den Freistaat Bayern ausgerufen und während seiner 100-tägigen Amtszeit das Frauenwahlrecht, den Acht-Stunden-Tag und eine Arbeitslosenversicherung eingeführt. Nach dem Attentat auf den jüdischen Politiker wurde die Räterepublik ausgerufen und kurz darauf von antirepublikanischen Einheiten blutig niedergeschlagen. Die Vorgänge führten zu einer politischen Polarisierung und letztlich zum Aufstieg des Nationalsozialismus in München.

Wir gehen zurück auf den Promenadenplatz. Dort steht seit 2009 unmittelbar vor dem Bayerischen Hof ein Denkmal der be-

Michael Jackson

Dreifaltigkeitskirche

sonderen Art. In der Grünanlage mit insgesamt fünf Denkmälern haben Fans die Orlando-Di-Lasso-Statue seit dem Tod von Michael Jackson zum Pilgerort für den Popstar umfunktioniert. Geschmückt mit Fotos des King of Pop ist das Denkmal mit Blumensträußen und Kerzen dekoriert. Davor steht übergroß Maximilian Joseph Graf von Montgelas. Die drei anderen Statuen für Lorenz von Westenrieder, Kurfürst Maximilian II. Emanuel und Christoph Willibald Gluck scheinen dagegen kaum die Aufmerksamkeit der Besucher zu erregen.

Während der Bayerische Hof durch die Bomben 1944 bis auf den Spiegelsaal fast vollkommen zerstört wurde, blieb die Dreifaltigkeitskirche wenige Schritte weiter in der Pacellistraße davon verschont. Die erste im spätbarocken Stil gebaute Kirche Münchens besticht durch ihr Kuppelfresko. Cosmas Damian Asam gestaltet es 1714/15.

Wir gehen geradeaus und treffen auf Münchens schönsten Brunnen. Der Wittelsbacher Brunnen sprudelt von Mitte Mai bis Anfang

Wittelsbacher Brunnen

Oktober am Lenbachplatz. Er ist einer von 187 Brunnen der Stadt. 1893 bis 1895 nach Plänen des Bildhauers Adolf von Hildebrand errichtet, übertönen die sprudelnden Wassermassen den Verkehrslärm am Lenbachplatz.

Unweit davon ist das Künstlerhaus am Lenbachplatz. 1900 weihte Prinzregent Luitpold von Bayern das im Stil der Neurenaissance gebaute Gebäude ein. Während des Zweiten Weltkriegs beschädigt und nach seiner Rekonstruktion 1961 wieder eröffnet, dient es bis heute als Begegnungsstätte von Kunst und Gesellschaft. Es bietet Künstlergespräche, Musikaufführungen, Lesungen und Kino sowie zahlreiche weitere Veranstaltungen. Im vorderen Teil des Gebäudes ist eine italienische Osteria. Ein Blick hinein lohnt sich wegen der außergewöhnlichen Muschelkuppel im Raum am Ende der linken Seite des Lokals.

Ein geflügeltes Wort bei den Münchnern ist: „Da geht's zu wie am Stachus." Gemeint ist damit der Karlsplatz, der sich unweit des Künstlerhauses befindet. Er ist der am meisten frequentierte Platz

Künstlerhaus am Lenbachplatz

der Stadt. Rund 7.000 Passanten pro Stunde laufen hier vorbei, gehen durch das Karlstor in die Neuhauser Straße. Seit 1972 ist sie Fußgängerzone und führt geradeaus über die Kaufingerstraße zum Marienplatz. Den Karlsplatz legte Kurfürst Karl Theodor 1791 an, als die seit dem 13. Jahrhundert errichtete Stadtbefestigung aufgelassen wurde. Warum der Platz im Volksmund Stachus genannt wird, ist nicht sicher belegt. Eine der Legenden besagt, dass er nach der ehemaligen am Platz betriebenen „Wirtschaft zum Stachus" benannt wurde. Vielleicht war dies ein versteckter Protest der Bayern gegen den aus der Pfalz stammenden Kurfürsten, um den Platz nicht nach ihm zu benennen. Heute erfrischen sich die Fußgänger während der Sommermonate durch einen Sprung in die Gischt der Fontänen – im Winter drehen Kinder und Erwachsene auf der zum Eislaufplatz umfunktionierten Brunnenanlage ihre Pirouetten.

Rückfahrt: Karlsplatz · U4, U5; Tram 12, 16 – 21, 27, 28 und alle S-Bahnen

Altstadtrundgang 3

Vom königlichen Hofgarten zum schönsten Rokokotheater Deutschlands

Altstadtrundgang 3

Vom königlichen Hofgarten zum schönsten Rokokotheater Deutschlands

München wäre ohne das Wirken der Wittelsbacher nicht das, was der Besucher heute zu sehen bekommt. Ob Hofgarten, Cuvilliés-Theater oder Residenz – ihrem Einfluss verdankt die Stadt so manchen architektonischen Höhepunkt.

An- und Rückfahrt: Odeonsplatz · U3 – 6; Bus 100
Länge: 2 km

Wir starten am Odeonsplatz, den wir schon vom Altstadtrundgang 2 kennen. Die Feldherrenhalle im Rücken halten wir uns rechts und gehen durch den imposanten Torbogen. Während das Tor 1816 als erstes Münchner Werk des Architekten Leo von Klenze entstanden ist, ließ den Hofgarten Herzog Maximilian I. nördlich der Residenz bereits 200 Jahre früher im italienischen Stil anlegen. Seit 1780 darf auch die Bevölkerung den rechteckigen Garten mit seinen Schotterwegen, umlaufenden Hecken, Blumenbeeten und Brunnen nutzen.

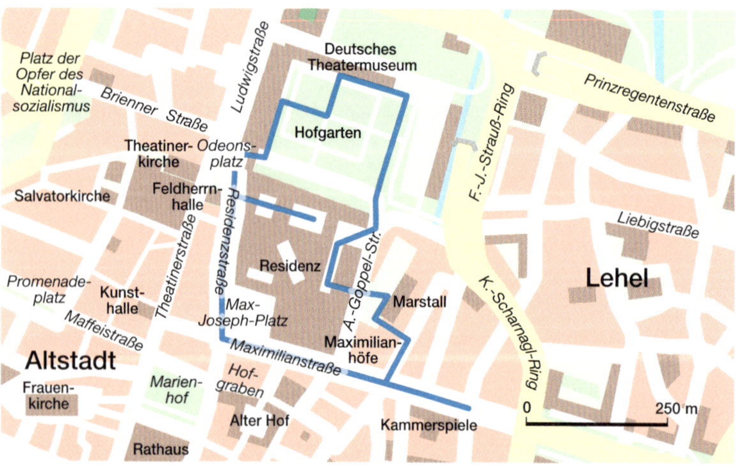

Torbogen

Bronzenymphe

Einheimische wie Touristen suchen dort gleichermaßen Entspannung, ob im Hofgarten des Tambosi oder der Schumann-Bar, auf einem der Bänke vor dem Dianatempel oder beim Boule-Spiel.

Nachdem wir durch den Torbogen gegangen sind, halten wir uns links und gehen ein Stück durch den Arkadengang, bis wir auf den Brunnen mit der Bronzenymphe stoßen. Er entstand 1852/1853 und ist ein Werk von Ludwig von Schwanthaler. Zu seinen Füßen halten sich für gewöhnlich die Boule-Spieler auf.

Dort gehen wir geradeaus durch den Heckendurchgang und sehen schon von weitem den Dianatempel, der um 1615 entstanden ist. An schönen Tagen spielen Straßenmusikanten unter der von einer spärlich bekleideten Bronzefigur, der Tellus Bavaria, gekrönten Kuppel des zwölfeckigen Tempels. Im Hintergrund ist das Plätschern der vier Muschelbrunnen zu hören. Während der Sommermonate drehen auch Tanzbegeisterte zu Salsa- oder Tangoklängen

Dianatempel

bei kostenlosen Tanzstunden ihre Runden. Der Tempel ist wie so oft in München eine Rekonstruktion. Das Original fiel den Zerstörungen des Zweiten Weltkriegs zum Opfer.

Vom Dianatempel halten wir uns links und verlassen den mit einer Hecke umrandeten Teil des Hofgartens durch den zweiten Durchgang links in Richtung Arkaden. Was viele nicht wissen, dort, auf Höhe der Galeriestraße 4, befindet sich das Deutsche Theatermuseum. Mit rund 4,3 Millionen Bildern ist es die weltweit umfassendste Sammlung. Die ältesten Sammlungsstücke stammen aus der Zeit der Renaissance. Das Museum wurde 1910 mit Geldern der königlich bayerischen Hofschauspielerin Clara Ziegler (1844–1909) gegründet, die dafür ihren Nachlass gestiftet hatte.

DEUTSCHES THEATERMUSEUM · Galeriestraße 4 a · 80539 München
Öffnungszeiten: Ausstellungen Di. – So. 10 – 16 Uhr
Faschingsdienstag 10 – 12 Uhr geöffnet

Bibliothek: Di., Do. 10 – 12 Uhr & 13.30 – 16 Uhr (sowie nach persönlicher Vereinbarung)
Fotosammlung: Di. 10 – 12 Uhr, Do. 14 – 16 Uhr (sowie nach persönlicher Vereinbarung) · Eintritt für Ausstellungen: 5 €, ermäßigt 4 €
Kinder bis 17 Jahre frei

Denkmal Widerstandskämpfer

Wir gehen am Theatermuseum vorbei bis ans Ende der Arkaden und stoßen auf das Denkmal für die Widerstandskämpfer des Zweiten Weltkriegs. Auf einem polierten Granitkubus hat der Künstler Leo Kornbrust handschriftliche Zitate von Widerstandskämpfern eingraviert, darunter eines aus dem fünften Flugblatt der „Weißen Rose" von 1943. Das Denkmal wurde mehr als 50 Jahre später errichtet.

Wir halten uns rechts und laufen, bis wir auf Höhe der Kuppel der Bayerischen Staatskanzlei ankommen. Dort wird an die Opfer des Krieges in einem ganz anderen Kontext erinnert. Nicht gleich auf den ersten Blick erkennbar, liegt in einem Hünengrab nachempfundenen Denkmal die Figur eines idealisierten „Toten Soldaten". Ursprünglich wurde es 1924/25 zum Gedenken der im Ersten Weltkrieg gefallenen Münchner errichtet. Während der NS-Zeit nutzten es die Nationalsozialisten für nationalistische und militärische Propaganda. Trotzdem ließen die Amerikaner das während des Zweiten Weltkriegs beschädigte Grab wieder herrichteten, jedoch ohne die Gedenktafel, die an 13.000 gefallene Münchner Soldaten des Ersten Weltkriegs erinnerte. Stattdessen befindet sich dort seit den 1950er

Jahren eine Gedenktafel für die Soldaten und zivilen Opfer von 1939 bis 1945. Auch heute noch wird der Platz für militärische Zeremonien genutzt.

Hoch über dem toten Soldaten erhebt sich das Reiterdenkmal Ottos von Wittelsbach Herzog von Bayern, dahinter die Kuppel der Bayerischen Staatskanzlei. Die 52 Meter hohe Kuppel mit ihren sechs Säulen und der imposanten Freitreppe gehörte ursprünglich zum königlich bayerischen Armeemuseum, dessen Seitentrakte 1944 zerstört wurden. An ihrer Stelle ließ der Freistaat Bayern Anfang der 1990er Jahre ein viergeschossiges Bürohaus errichten, das sich hinter einer Glasfassade verbirgt. Zuvor war es zu jahrelangen Diskussionen über die Gestaltung des Gebäudes gekommen. Bereits der 1988 verstorbene Ministerpräsident Franz Josef Strauß hatte den Bau realisieren wollen. Der Eingang für den Sitz des Bayerischen Ministerpräsidenten ist heute auf der Garten abgewandten Seite am Franz-Josef-Strauß-Ring 1. Das Gebäude kann bei Führungen besichtigt werden.

Bayerische Staatskanzlei

BAYERISCHE STAATSKANZLEI · Gruppenführungen ab 15 Personen
Mo. – Fr. nach Voranmeldung beim Besucherdienst
Tel.: 089/2165-2450 oder -2560 · Letzte Führung gegen 15 Uhr

Wir gehen auf dem breiten, geschotterten Weg weiter und verlassen den Hofgarten auf der zur Residenz gerichteten Seite links und biegen in die Alfons-Goppel-Straße ein. Auf der linken Seite sehen wir den Glasbau des Max-Planck-Instituts, rechts im ehemaligen Apothekenflügel der Residenz die Bayerische Akademie der Wissenschaften (Alfons-Goppel-Straße 11), vor uns das Institut Cervantes. Es ist ebenfalls ein Teil der Residenz. Nach wenigen Schritten sehen wir auf der rechten Seite die Allerheiligen-Hofkirche. Der nach Plänen des Architekten Leo von Klenze zwischen 1826 und 1837 entstandene Kirchenbau ist erst 2003 wieder zugänglich gemacht worden, nachdem er im Zweiten Weltkrieg zerstört worden war. Der heute schmucklose Backsteinbau war ursprünglich mit farbiger Malerei auf Goldgrund versehen, die Wände mit farbigem Gipsmarmor verkleidet.

Allerheiligen-Hofkirche

Heutzutage dient die Kirche als Veranstaltungsort und als Konzertsaal für klassische Konzerte. Rechts neben dem Hauptportal der Allerheiligen-Hofkirche befindet sich der Kabinettsgarten. Mit seinen Bänken und seinem plätschernden Brunnen lädt er zum Verweilen ein.

Exkurs Biografie Klenze

Was für Preußen Karl Friedrich Schinkel, war für Bayern und München – zumindest zu seinen Lebzeiten – Leo von Klenze. Am 29. Februar 1784 in Buchladen bei Schladen im Landkreis Wolfenbüttel geboren, studierte er von 1800 – 1803 gemeinsam mit Schinkel Kameralbauwissenschaft für den höheren Bauverwaltungsdienst an der Bauakademie in Berlin. 1803 ging Klenze nach Paris. Dort studierte er bei Jean-Nicolas-Louis Durand, an der École Polytechnique. Er war begeistert von Durands System des rationalen, schematischen Entwerfens auf der Rasterbasis. Fortan konzipierte Klenze fast alle seine Werke nach diesem System. Seinen ersten Bau, das Theater bei Schloss Wilhelmshöhe bei Kassel, entwarf er 1808 für Jérôme Bonaparte, den Bruder Napoleons. 1816 ernannte ihn König Maximilian I. Joseph zum königlichen Hofarchitekten in München. Seine Blütezeit erlebte Klenze jedoch erst während der Amtszeit von König Ludwig I. Er realisierte dessen Traum einer Residenzstadt, die geschichtliche Größe ausstrahlen sollte. Auf seine Entwürfe geht die Gestaltung von Königs-, Odeons- und Max-Joseph-Platz und die der Ludwigstraße zurück, Prachtbauten wie die Glyptothek und die Alte Pinakothek. Der einzige heutzutage vollständig erhaltende Bau Klenzes aber steht in Sankt Petersburg: Die Neue Eremitage. 1839 erhielt er vom russischen Kaiser Nikolaus I. den Auftrag dafür. Klenze starb am 27. Januar 1864 in München. Zwei Jahre vor seinem Tod ernannte ihn die Stadt zum Ehrenbürger.

Direkt gegenüber dem Hauptportal der Allerheiligen-Hofkirche ist ein Durchgang, gekennzeichnet mit Feuerwehrzufahrt, der uns zum Marstallplatz führt. Umgeben von modernen Bauten steht die ehemalige königliche Reitschule in der Mitte des Platzes. Sie ist ein Meisterwerk des Architekten Leo von Klenze und entstand 1820 bis

1822. An die einstige Bestimmung der im Zweiten Weltkrieg ausgebrannten Reitschule erinnern die acht runden Bronzereliefs mit Pferdeköpfen an der Fassade. Heute ist in dem Gebäude die junge Bühne des Bayerischen Staatstheaters untergebracht. 160 Zuschauer haben darin Platz.

Wir gehen zwischen Marstall und dem Restaurant Brenner durch die kleine Gasse, biegen rechts in die Marstallstraße und an deren Ende links in die Maximiliansstraße. Hier wird München seinem Ruf als einer der teuersten Städte Deutschlands gerecht. Von Luxusgeschäften umsäumt, tummeln sich Reiche aus aller Welt, vor allem aus arabischen Ländern, auf der Prachtmeile. 1850 von König Maximilian II. Joseph, dem Namensgeber der Straße, angelegt, finden sich dort internationale Modelabels, Schmuckgeschäfte, Galerien und eines von Münchens Luxushotels, das Vier Jahreszeiten. Es geht ebenfalls auf König Maximilian II. Joseph zurück. Das 1858 eröffnete Hotel wurde 1944 schwer beschädigt und zu den Olympischen Spielen 1972 wieder eröffnet.

Marstall

Luxusgeschäfte in der Maximilianstraße

Wir bummeln die Maximilianstraße bis zur Ecke Stollbergstraße hinunter, wechseln die Straßenseite und flanieren auf der anderen Seite zurück. Auf Höhe Nr. 26 befindet sich das Schauspielhaus der Kammerspiele. 1910 als Privatinitiative gegründet, werden heute im Schauspielhaus des aus drei Spielstätten bestehenden Theaters gesellschaftspolitische Stücke aufgeführt. In dem Jugendstilsaal mit seinen 690 Plätzen inszenierten Bertolt Brecht, Fritz Kortner, Franz Xaver Kroetz und George Tabori, Schauspieler wie Therese Giehse, Heinz Rühmann und Mario Adorf standen auf seiner Bühne. Unten befindet sich eine kleine Bar mit Freisitz, von der aus sich das Treiben auf der Maximilianstraße verfolgen lässt.

MÜNCHNER KAMMERSPIELE · KAMMER 1
Maximilianstraße 26 – 28 · 80539 München
Tel.: 089/23396600 · www.muenchner-kammerspiele.de
Kassenöffnung: Mo. – Sa. 11 – 19 Uhr

Am Ende der Maximilianstraße auf der rechten Seite, am Max-Joseph-Platz 2, liegt das Nationaltheater. Das im klassizistischen Stil eines griechischen Tempels gebaute Gebäude war ursprünglich von Carl von Fischer geplant worden, ist aber 1823 vor der Fertigstellung abgebrannt. Leo Klenze erhielt den Auftrag, es im Stil des Vorgängerbaus wieder aufzubauen. Portikus und Innenausbau führte er wie Fischer aus, das Walmdach ersetzte er durch ein Satteldach. In den 1830er Jahren wurden Giebelfelder, Teile der Bauplastik sowie Wandflächen polychrom bemalt. Im Zweiten Weltkrieg wurde das Gebäude erneut zerstört und weitgehend im ursprünglichen Stil bis 1963 rekonstruiert.

Das Haus, in dem die Bayerische Staatsoper und das Bayerische Staatsballett auftreten, ist ein Gebäude der Superlative. Es ist das größte Opernhaus Deutschlands und hat Platz für 2.100 Besucher. Gespielt wird mit 2.500 Quadratmetern auf einer der größten Opernbühnen der Welt. Die Gründung der Oper geht bis ins 17. Jahrhundert zurück. Damals ließ Kurfürst Ferdinand Maria im Herkulessaal der Residenz ein Saaltheater einrichten. In ihm wurden italienische Opern inszeniert. Kurfürst Maximilian III. Joseph verlegte die Aufführungen in ein eigens dafür gebautes Theater. 1750 erbaute François Cuvilliés das „Cuvilliés-Theater".

Das Bayerische Staatsorchester blickt auf eine noch längere Geschichte als die Oper zurück: 1523 gründete Komponist Ludwig Senfl einen Klangkörper in der Münchner Kantorei. In den ersten 100 Jahren spielte dieser hauptsächlich Kirchenmusik. Seine erste Oper, Giovanni Battista Maccionis L'Arpa Festante, gab er 1653 in der Residenz. 1762 wurde schließlich der Begriff „Orchester" eingeführt. Seitdem standen unzählige Dirigentenlegenden im Orchestergraben am Pult, darunter Richard Strauss, Bruno Walter, Georg Solti, Wolfgang Sawallisch und Zubin Mehta. Seit 2013 leitet Generalmusikdirektor Kirill Petrenko das Orchester. Er wird 2021 von Vladimir Jurowski abgelöst. Im Sommer finden jährlich Festspiele statt. Sie gehen auf das Jahr 1875 zurück, als Generalintendant Karl von Perfall den ersten Festspielsommer mit Opern von Mozart und Musikdramen von Wagner veranstaltete.

Nationaltheater

STAATSOPER · Max-Joseph-Platz 2 · 80539 München
Tel.: 089/21851025 · www.staatsoper.de
Abendkasse eine Stunde vor Vorstellungsbeginn: Haupteingang
Tageskasse und Call Center: Marstallplatz 5 · 80539 München
Öffnungszeiten: Mo. - Sa. 10 - 19 Uhr
Kartenvorverkauf: Tel.: 089/21851920 · tickets@staatsoper.de
www.staatsoper.de/spielplan

Direkt neben dem Nationaltheater steht das Residenztheater. Es verfügt über drei Spielstätten: Das Haupthaus am Max-Joseph-Platz neben dem Nationaltheater, den Marstall, den wir bereits gesehen haben, und das Cuvilliés-Theater. In dem 1949 bis 1951 errichteten Haupthaus finden knapp 900 Zuschauer Platz. Gespielt werden hauptsächlich neu inszenierte Klassiker von Sophokles und Shakespeare über Goethe bis hin zu Hauptmann oder Sartre. Von der Bar „Zur schönen Aussicht" im ersten Obergeschoss des Residenztheaters eröffnet sich ein wunderbarer Blick auf den Max-Joseph-Platz.

RESIDENZTHEATER · Max-Joseph-Platz 1 · 80539 München
Fax 089/21851903 · www.residenztheater.de
Kartenvorverkauf: Tel.: 089/21851940 · Mo. - Sa. 10 - 19 Uhr
tickets@residenztheater.de · www.residenztheater.de/spielplan

Im 19. Jahrhundert anstelle des Franziskanerklosters errichtet, thront seit 1835 auf der Mitte des Platzes sein Namensgeber Maximilian I. Joseph. Zu seinen Füßen findet alljährlich das Festival „Oper für alle" statt. Auf einer riesigen Leinwand werden seit 20 Jahren während der Opernfestspiele live kostenlos Aufführungen nach draußen übertragen. Eine weitere Aufführung findet auf dem Marstallplatz statt.

Gegenüber des Denkmals befindet sich in der Residenzstraße 12 das Spatenhaus. Vom Freisitz aus lässt sich das Treiben auf dem Max-Joseph-Platz beobachten. Wenige Schritte weiter im Franziskaner in der Residenzstraße 9 lässt sich so mancher Besucher nach der Vorstellung ein bayerisches Schmankerl schmecken.

Zum Franziskaner

ZUM FRANZISKANER · Residenzstraße 9 · 80333 München
Tel.: 089/2318120 · www.zum-franziskaner.de
Öffnungszeiten: Mo. – Sa. 9.30 – 24 Uhr, So. & Feiert. 10 – 24 Uhr

SPATENHAUS AN DER OPER · Residenzstraße 12 · 80333 München
Tel.: 089/2907060 · www.kuffler.de
Öffnungszeiten: tägl. EG 9.30 – 0.30 Uhr, OG 11.30 – 1 Uhr

Wir wenden uns nun der Residenz zu. Direkt neben dem Residenztheater, dort wo die Skater an schönen Tagen in ihrem Können wetteifern, befindet sich der Eingang zu Residenzmuseum und Schatzkammer. Alternativ dazu sind sie auch von der Residenzstraße aus zugänglich. Wer alles anschauen möchte, sollte einen Tag einplanen.

Bei weniger Zeit sollten auf jeden Fall Schatzkammer, Antiquarium im Residenzmuseum und das Cuvilliés-Theater besichtigt werden.

Das größte Innenstadtschloss Deutschlands mit zehn Höfen entstand innerhalb von 600 Jahren und war Wohn- und Regierungssitz. Ursprung war eine Neufeste, eine gotische Wasserburg, aus dem 14. Jahrhundert, die als Fluchtburg den frühen Herzögen diente. Von dort aus entwickelte sich die Residenz in fünf großen Bauabschnitten bis sie im Zweiten Weltkrieg zum Großteil zerstört wurde. Von 23.000 Quadratmetern Dach waren nur noch 50 übrig geblieben. Rekonstruiert wurde der Königsbau, wie er im 19. Jahrhundert ausgesehen hatte. Damals ließ Ludwig I. von Leo von Klenze den Bau im Stil der Renaissance gestalten. Auch Ludwigs Verehrung für Italien spielte bei der Gestaltung eine tragende Rolle. Die Hauptfassade am Max-Joseph-Platz trägt Züge des Palazzo Pitti und des Palazzo Rucellai in Florenz.

Für die Innenausstattung der Königappartements war Klenze ebenfalls zuständig. Münchner Tischler und Bildhauer fertigten sie. Mit Hilfe eines Rauminventars von 1835 konnte die Ausstattung in

Residenz

ihrem Ursprungszustand wieder hergestellt werden. Auf Klenze zurück geht auch die Gestaltung des Königshofs.

Heutzutage werden Teile der Räumlichkeiten der Residenz für den Neujahrsempfang des Bayerischen Ministerpräsidenten genutzt.

Der älteste erhaltende und mit seiner Länge von 66 Metern einer der größten Renaissancesäle nördlich der Alpen ist das Antiquarium. Das unter Herzog Albrecht V. zwischen 1568 und 1571 errichtete Gewölbe diente ursprünglich seiner antiken Skulpturensammlung und heißt seitdem „Antiquarium", auch wenn seine Nachfolger es zwischen 1581 und 1600 in einen Fest- und Bankettsaal umwandelten. Sie ließen es mit Grotesken ausmalen, Gemälde anbringen und mit 102 Ansichten von Städten, Märkten, Burgen und Schlössern des damaligen Herzogtums Bayern ausschmücken.

Ebenfalls auf Herzog Albrecht V. zurück geht die Schatzkammer der Residenz. 1565 bestimmte er, dass die Schätze der Familie aufbewahrt werden müssten. Von nun an sammelten die Wittelsbacher über Generationen Schätze aus der Antike bis ins 20. Jahrhundert – Königskronen, kirchliche Kunst, Insignien, Orden, Tafelsilber, Goldschmiedearbeiten und Steinschneidekunst.

SCHATZKAMMER · Residenzstraße 1 · 80333 München
Tel.: 089/290671 · www.residenz-muenchen.de · Öffnungszeiten:
Oktober bis März tägl. 10 - 17 Uhr (letzter Einlass 16 Uhr)
Eintritt: Residenzmuseum: 9 €, ermäßigt 8 €
Schatzkammer: 9 €, ermäßigt 8 €
Kombikarte „Residenzmuseum / Schatzkammer": 14 €, ermäßigt 12 €
Gesamtkarte „Residenzmuseum / Schatzkammer /
Cuvilliés-Theater": 17 €, ermäßigt 14,50 €

Wir verlassen das Residenzmuseum und biegen rechts in die Residenzstraße ein. Dort kommen wir an vier großen Löwen vorbei, die jeweils links und rechts die Hofeingänge zur Residenz flankieren. Die Steintiere haben blank polierte Schnauzen. Der Grund dafür ist ein Münchner Aberglaube. Wer die Schnauzen der Löwen reibt, dem gehen seine Wünsche in Erfüllung.

Löwen

Wir gehen durch den zweiten Toreingang und folgen dem Schild Cuvilliés-Theater. Benannt nach seinem Architekten François Cuvilliés d. Ä. entstand das prächtigste Rokokotheater Deutschlands auf Geheiß von Kurfürst Maximilian III. Joseph zwischen 1751 bis 1755. 1781 wurde dort Wolfgang Amadeus Mozarts *Idomeneo* uraufgeführt. Im Zweiten Weltkrieg wurde das Theater zerstört und 1958 an neuer Stelle im Apothekenhof der Residenz neu aufgebaut. Die Logenverkleidungen aber sind original. Dank der Auslagerung während des Krieges blieben sie unzerstört.

Gleich neben dem Cuvilliés-Theater liegt der achtseitige Brunnenhof, benannt nach der Brunnenanlage. Sie ist mit einer Bronzestatue Ottos I., des ersten bayerischen Herzogs aus dem Haus Wittelsbach, bekrönt. Im Hof wurden einst höfische Turnierfeste abgehalten. Heutzutage werden während der Sommermonate Open-Air-Konzerte von der Klassik über Rock und Pop aufgeführt.

Ein weiterer Veranstaltungsort in der Residenz ist der Herkulessaal. Er wurde vor rund 60 Jahren an der Stelle des während des Zweiten Weltkriegs zerstörten Thronsaals König Ludwigs I. errichtet. Vom Hofgarten aus zugänglich – allerdings nur bei Veranstal-

Apothekenhof

tungen – wird er für Konzerte, Festakte, Vorträge oder Konferenzen genutzt. Mit seinen 1400 Plätzen ersetzte er das vom Krieg zerstörte Konzerthaus Odeon – ein Bau von Klenze. Dort spielen unter anderem das Bayerische Rundfunkorchester, die Münchner Symphoniker und das Bayerische Staatsorchester. Während die Stuckdecke rekonstruiert ist, handelt es sich bei den Wandteppichen um Originale. Ihr Motiv – die antike Herkulessage – diente als Namensgeber für den Saal. Die Wandteppiche beauftragte 1565 Herzog Albrecht V. für den Festsaal seiner Dachauer Residenz.

Nicht nur nach einem Konzertbesuch lädt die Pfälzer Residenz Weinstube in der Residenzstraße 1 zum gemütlichen Ausklang eines Abends ein. Auch unseren Spaziergang lassen wir dort enden. Seit 1950 unterhält der Landesverband der Pfälzer in Bayern das Restaurant mit mehr als 450 Sitzplätzen in der ehemals kurfürstlich und königlich bayerischen Residenz.

PFÄLZER RESIDENZ WEINSTUBE · Residenzstraße 1 · 8033 München
Tel.: 089/2422910 · www.pfaelzerweinstube.de
Öffnungszeiten: tägl. 10.30 – 0.30 Uhr

Im Isarreich

Rundgang am wilden Fluss

Im Isarreich

Rundgang am wilden Fluss

München liegt zwar an der Isar, doch hielten die Stadtgründer gehörigen Abstand zum wilden Fluss. Unser Rundgang links und rechts der inzwischen längst gezähmten Isar beginnt beim Isartor, führt durch ehemalige Vorstädte, über die Isarinseln und das Deutsche Museum zurück zum Isartor.

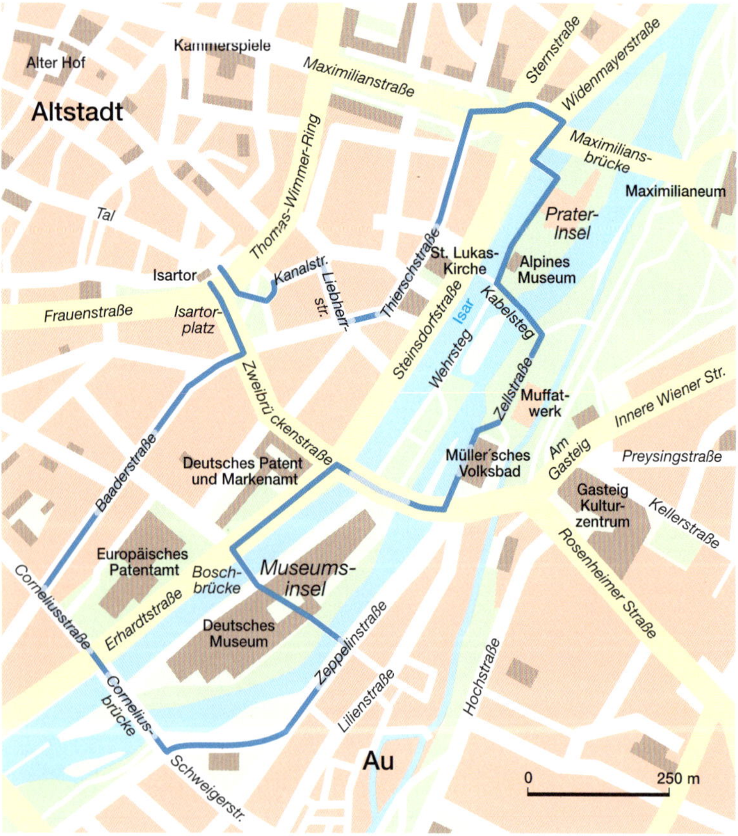

An- und Rückfahrt: Isartor · S1 – 4, S6 – 8; Bus 132; Tram 16 – 18
Länge: 4,5 km

Wir beginnen unseren Rundgang durch das Münchner Isarreich am Isartor. Es ist das zuletzt errichtete Stadttor der historischen Altstadt und als einziges fast vollständig erhalten. Es wurde 1337 im Zuge der Stadterweiterung Ludwig des Bayern errichtet und entstand unweit der Isarbrücke, über die die ertragreiche Salzstraße von Reichenhall nach Augsburg führte. Heute steht dort die Ludwigsbrücke. Das Isartor bestand zunächst lediglich aus einem 40 Meter hohen Torturm. Erst beim Ausbau der Verteidigungsanlagen 1424 erhielt das Isartor seine beiden Seitentürme und in etwa die heutige Form.

König Ludwig I. ließ 1833 den Abbruch des Isartors stoppen und es wieder herstellen. Damals wurde das große Fresko am Tor angebracht. Es zeigt den historisch nicht verbürgten Triumphzug Kaiser Ludwig des Bayern nach der Schlacht von Ampfing 1322. Im Zweiten Weltkrieg schwer beschädigt, wurde das Isartor in den 1970er Jahren originalgetreu wiederhergestellt.

Das Isartor

Bevor wir das Isartor weiter erkunden, sollten wir einen Blick nach oben richten. Denn seit 2005 schmückt eine Uhr den alten Torturm. Das Ziffernblatt, das zum Isartorplatz zeigt, ist völlig konventionell, auf der anderen Seite jedoch, Richtung Tal, sind Zeiger und Ziffernblatt spiegelverkehrt. Dies erfordert beim Ablesen etwas Übung. Die kuriose Uhr erinnert an Karl Valentin, den berühmten Münchner Komiker.

In den beiden Seitentürmen des Isartors ist seit 1959 das Valentin-Karlstadt-Musäum untergebracht, das dem bekanntesten deutschen Komiker-Duo des 20. Jahrhunderts gewidmet ist. Im Musäum werden neben Devotionalien aller Art und persönlichen Gegenständen von Karl Valentin und seiner kongenialen Partnerin Liesl Karlstadt auch herrlich witzige Objekte aus dem valentinschen Panoptikum gezeigt. Dazu gehören etwa ein pelzbesetzter Winterzahnstocher und eine geschmolzene Schneeplastik. Zahlreiche Film- und Tondokumente lassen den Humor und die außerordentliche Sprachkunst von Karlstadt und Valentin wieder lebendig werden. Außerdem erfährt man hier eine Menge über die Geschichte der kessen und frechen Münchner Volkssänger, der „Stimme der Vorstadt".

Im dritten Stock des südlichen Seitenturms ist das Café Turmstüberl untergebracht, eines der wohl schönsten Cafés Münchens. Es ist im Stil der Bohème mit Thonet-Stühlen und Caféhaus-Tischen eingerichtet und voller Preziosen und Münchner Originale. Das Turmstüberl ist ausschließlich über das Museum und zu dessen Öffnungszeiten zugänglich.

VALENTIN-KARLSTADT-MUSÄUM · Im Tal 50 · 80331 München
Tel.: 089/223266 · www.valentin-musaeum.de
Öffnungzeiten: Mo., Di., Do. 11.01 – 17.29 Uhr, Fr., Sa. 11.01 – 17.59 Uhr
So. 10.01 – 17.59 Uhr · jeden ersten Freitag im Monat Programm und Abendöffnung bis 21.59 Uhr
Eintritt: 2,99 €, ermäßigt 1,99 €
Café Turmstüberl nur über das Musäum zugänglich
Tel.: 089/293762

Eingangsschild des Valentin-Karlstadt-Musäums

Fortunabrunnen

Wir verlassen Musäum und Isartor und folgen dem S-Bahn-Schild in den Untergrund, um den stark befahrenen Thomas-Wimmer-Ring zu unterqueren. Wir halten uns in der Fußgängerebene links und wählen den nächstgelegenen Ausgang zum Isartorplatz. Zurück an der Oberfläche sehen wir den Fortunabrunnen. Er wurde 1907 vom Münchner Bildhauer Karl Killer geschaffen. Der Jugendstilbrunnen zeigt eine Allegorie auf die lebensspendende Macht des Wassers.

Direkt hier am Eck Isartorplatz/Kanalstraße liegt das Gasthaus Isarthor eines der traditionellen Münchner Wirtshäuser. In rustikal-traditionellem Ambiente werden hier bayerische Klassiker wie Schweinsbraten, Tafelspitz oder Bauerngröstl serviert.

GASTHAUS ISARTHOR · Kanalstraße 2 · 80538 München
Telefon: 089/227753 · www.gasthaus-isarthor.de
Öffnungszeiten: täglich 10 – 1 Uhr

Gasthaus Isarthor

Fassaden im Stil des Historismus

Wir folgen der Kanalstraße bis zur nächsten Ecke und biegen rechts in die Liebherrstraße ein. An der folgenden Kreuzung nehmen wir links die Thierschstraße. Wir bewegen uns hier durch das Lehel, das viele Münchner wegen seiner herrlichen Hausfassaden im Stil des Neubarock und der Neurenaissance als schönstes Viertel der Stadt ansehen. Wer hier wohnen will, muss tiefer in die Tasche greifen.

Das Lehel wird begrenzt von der Altstadt im Westen, der Isar im Osten, der Max-Joseph-Brücke im Norden und der Zweibrückenstraße im Süden. Während des Mittelalters war das Gebiet von einem Auwald bedeckt, von zahlreichen Bächen durchzogen und immer von Überschwemmungen bedroht. Daher rührt wohl auch der Name „Lehel", was „Lächl" ausgesprochen wird und wahrscheinlich vom Begriff „Lohe" abgeleitet ist, der „lichter Wald" bedeutet. Hier wohnten arme Leute, die nicht in den Mauern der Stadt leben durften. Erst 1724 wurde das Lehel nach München eingemeindet. Ab Mitte des 19. Jahrhunderts wurde das Isarufer befestigt und das Lehel besser gegen Hochwasser gesichert. So entwickelte sich der Stadtteil zum beliebten Wohngebiet. Damals entstanden die Mietshäuser im prachtvollen Stil des Historismus und später des Jugendstils, die dem Lehel bis heute sein Gesicht geben.

Wir folgen der Thierschstraße weiter bis zur evangelisch-lutherischen Kirche St. Lukas am Mariannenplatz. Der „Dom der Münchner Protestanten" wurde als dritte evangelische Kirche im katholischen München erbaut und 1896 geweiht. Er ist die einzige fast vollständig erhaltene Kirche des Historismus in der Stadt und einer der bedeutendsten protestantischen Kirchenbauten des 19. Jahrhunderts. St. Lukas prägt mit seiner 64 Meter hohen Oktogonalkuppel und den

Blick auf St. Lukas vom östlichen Isarufer aus

beiden Osttürmen die Bebauung am westlichen Isarkai. Die Pfarrkirche hat sich als Ort zeitgenössischer Kunst einen Namen gemacht, hier finden regelmäßig Konzerte, Ausstellungen und Kunstaktionen statt.

Maxmonument auf der Maximilianstraße

Weiter geht es auf der Thierschstraße bis zum Maxmonument auf der Maximilianstraße. Das imposante Denkmal zu Ehren des bayerischen Königs Maximilian II. Joseph wurde von Bildhauer Kaspar von Zumbusch gestaltet und 1875 enthüllt.

Wir queren die Maximilianstraße und wenden uns nach rechts Richtung Maximiliansbrücke. An der Ecke Maximilianstraße/Widenmayerstraße befindet sich in einem nüchternen Zweckbau das angesehene Kunstfoyer der Versicherungskammer Kulturstiftung. Hier werden regelmäßig Ausstellungen zu Film und Fotografie, Grafik und Zeichnung gezeigt. Hervorragende Retrospektiven zum Lebenswerk eines Künstlers oder zum Lebensgefühl einer Epoche fördern den interkulturellen Dialog.

KUNSTFOYER DER VERSICHERUNGSKAMMER KULTURSTIFTUNG
Maximilianstraße 53 · 80538 München · Tel.: 089/21602244
www.versicherungskammer-kulturstiftung.de
Öffnungszeiten: täglich 9 – 19 Uhr · Eintritt frei

Führte der erste Teil unseres Rundgangs durch das ehemalige Überschwemmungsgebiet der Isar, so begeben wir uns jetzt zum Fluss. An

Kunstfoyer im Gebäude der Versicherungskammer

der Maximiliansbrücke verlassen wir die Maximilianstraße und gehen ein Stück nach rechts zur Praterwehrbrücke. Seit 2010 befindet sich hier das unterirdische, hochmoderne Praterkraftwerk, das das natürliche Gefälle der Isar von neun Metern ausnutzt. Das Wasserkraftwerk hat eine Leistung von 10.000 Kilowattstunden und kann damit etwa 4.000 Haushalte mit Strom versorgen. Ein Praterwehr zur Ableitung des Hochwassers der Großen Isar gibt es bereits seit 1888. Das Wehr gehört zu den umfangreichen Bauten zur Hochwassersicherheit aus Deichen, Wehranlagen und Ufermauern die die Isar in ein 145 Meter breites Hochwasserbett zwangen.

Praterwehrbrücke von der Maximiliansbrücke aus gesehen

Blick von der Luitpoldbrücke auf die Maximiliansbrücke und die Kleine Isar mit Fischtreppe (r.)

Erst in den 2000er Jahren wurde der Fluss innerhalb der Stadtgrenzen naturnah umgebaut und als zentrales Naherholungsgebiet ins städtische Leben stärker integriert. Im innerstädtischen Bereich zwischen Reichenbach- und Luitpoldbrücke, wo sich der Fluss in Große und Kleine Isar teilt und mit seinen Inseln, Grünflächen und Uferanlagen sehr beliebt ist, geht die Umgestaltung behutsam weiter.

Wir überqueren die Praterwehrbrücke und gelangen auf die Praterinsel. Es ist heute kaum vorstellbar, dass sich am gegenüberliegenden Ufer um 1870 der größte Floßhafen Europas, die Zentrale Floßlände, befand. Am Isarkai legten pro Jahr 10.000 Flöße an, die alle möglichen Waren mitbrachten, besonders Baumaterial wie Holz, Kalk und Steine sowie Bier. Der Lagerplatz für die Waren war einen Kilometer lang. Sogar für die Personenbeförderung wurden Flöße regelmäßig benutzt. Ab 1623 fuhr etwa das Ordinarifloß einmal pro Woche nach Wien, eine Reise, die etwa eine Woche dauerte.

Ende des 19. Jahrhunderts wurde die Floßlände nach Süden nach Thalkirchen verlegt, wo noch immer pro Jahr etwa 600–800 Touristenflöße aus Wolfratshausen ihre Isartour beenden. An die Gefahren des Floßfahrens erinnert eine Nepomukfigur an der Praterwehrbrücke, die von drei „bürgerlichen Floßmeistern" 1856 gestiftet worden war.

Die Flößer trafen sich in Wirtshäusern an der Floßlände, auf der Praterinsel verkehrte die Jugend aus Haidhausen. Denn auf dem Gelände des heutigen Aktionsforums Praterinsel befand sich im 19. Jahrhundert in einem ehemaligen Klostergarten ein Prater zur Volksbelustigung. 1867 wurde der Betrieb eingestellt und auf dem Gelände errichtete der Likör-Fabrikant Anton Riemerschmid eine hochmoderne Likörfabrik, die als herausragendes Beispiel für Münchner Industriearchitektur gilt. Bis 1988 produzierte das Unternehmen hier zum Beispiel den berühmten „Escorial grün". Seither haben sich auf der Praterinsel verschiedene Investoren engagiert. Um Bauspekulation zu unterbinden, hat die Stadt 1993 beschlossen, dass die Praterinsel und ihre herrlichen Räume vorwiegend für kulturelle Zwecke genutzt werden. Derzeit wird die alte Likörfabrik vom Edelgastronomen Käfer als attraktive Location für Events vermarktet. Leider ist die Freiluft-Bar Praterstrand, die dort im Sommer Besucher anlockte, geschlossen.

Nepomuk an der Praterwehrbrücke

Likörfabrik

Wer Stille zum Entspannen benötigt, läuft ein paar Schritte weiter zum Alpinen Museum des Deutschen Alpenvereins. Hier kann man im Garten Kaffee und Kuchen genießen, Boulderfelsen, Gesteinsarten und die alte Höllentalangerhütte begutachten, die seit Juli 2016 auf der Praterinsel steht. Das Alpine Museum wurde bereits 1911 im Gebäude des ehemaligen Café Isarlust eingerichtet. Im Zweiten Weltkrieg wurde es schwer beschädigt und erst 1997 wieder als Museum eröffnet. Der Deutsche Alpenverein hat eine sehenswerte Sammlung zur Geschichte des Alpinismus und eine riesige Bibliothek zum Thema zusammengetragen. Zudem zeigt das Museum in wechselnden Sonderausstellungen alles, was mit Bergen und Bergsteigen zu tun hat.

ALPINES MUSEUM DES DAV · Praterinsel 5 · 80538 München
Tel.: 089/2112240 · www.alpenverein.de/Kultur/Museum/
Öffnungszeiten: Di. – So. 10 – 18 Uhr, Mo. geschlossen
Eintritt: 4,50 €, ermäßigt 3 € · DAV-Mitglieder 3 €, ermäßigt 2 €

Am Ende der Praterinsel befindet sich rechts die Mariannenbrücke, die über die Große Isar zur Kirche St. Lukas führt. Geradeaus be-

Alpines Museum auf der Praterinsel

steht die Möglichkeit, über den Wehrsteg zur Museumsinsel zu laufen. Wir entscheiden uns aber nach links für den Kabelsteg, der über die Kleine Isar führt. Diese elegante Jugendstilbrücke aus dem Jahr 1898 hat ihren Namen von den Kabeln, die einst für die Elektrizitätsversorgung Münchens von den Muffatwerken aus durch drei Kanäle in der Brückenplatte in die Stadt führten. Die Fußgängerbrücke überstand übrigens das Hochwasser von 1899, das die Luitpoldbrücke und die Max-Joseph-Brücke zerstörte.

Auf der anderen Isarseite gehen wir nach rechts Richtung Biergarten am Muffatwerk. Der ideale Platz, um nach einem Bad in der Isar

Fußgängerbrücke Kabelsteg

Muffatwerk

oder auch während unseres Rundgangs eine weitere Rast einzulegen. Vom Biergarten aus gelangte man bis in die 70er Jahre ins Elektrizitätswerk. Doch bevor Ende des 19. Jahrhunderts die Stromerzeugung wichtig wurde, war die Wasserversorgung Münchens das drängendere Problem. Um sie zu verbessern ließ Stadtbaurat Franz-Karl Muffat 1837 ein nach ihm benanntes Brunnenhaus errichten, das Muffatwerk. Es wurde 1883 stillgelegt, als München zentral mit Trinkwasser aus dem Mangfalltal versorgt wurde. 1893 baute der Architekt Carl Hocheder das Brun-

Biergarten am Muffatwerk

nenhaus zum ersten größeren Elektrizitätswerk Münchens um, das Strom für die Straßenbeleuchtung und die Trambahn lieferte. Es folgten Erweiterungsbauten im Jugendstil, die dem Muffatwerk sein heutiges Aussehen geben. 1973 wurde das E-Werk stillgelegt. Seit 1993 werden die Gebäude als multifunktionale Veranstaltungshallen für kulturelle Zwecke genutzt.

BIERGARTEN AM MUFFATWERK · Zellstraße 4 · 81667 München
Wetter-Tel.: 089/45875073 · www.muffatwerk.de
Öffnungszeiten: bei gutem Wetter ab 12 Uhr bis open end

Nebenan baute 1901 wiederum Hocheder das Müller'sche Volksbad, das zu den schönsten Jugendstilbädern Europas zählt. Es wurde von Bauingenieur Johann Karl Bernhard Müller gestiftet und sollte den Tagelöhnern der Stadtteile Au und Haidhausen, die fast keine Bäder in ihren Wohnungen hatten, zur Körperpflege dienen. Die zwei Schwimmhallen, Dampfbad und Sauna sowie die Wannenbäder sind bis heute in Betrieb. Ein Café-Restaurant für Badegäste und Spaziergänger lädt im Eingangsbereich zum Besuch ein.

SPEISEREI VOLKSBAD
Rosenheimer Straße 1 · 81667 München · www.speisereivolksbad.de
Tel.: 089/44439250 · Öffnungszeiten: täglich 10 – 1 Uhr

Wir steigen die Treppen zur Ludwigsbrücke hinauf, überqueren die Isar und gehen dann zum Deutschen Museum hinüber. Es ist das größte naturwissenschaftlich-technische Museum der Welt. Wegen umfangreicher Sanierung werden bis zum 100. Jubiläum 2025 immer wieder einige Bereiche geschlossen sein. Welche, erfährt man auf der Website des Museums. Der Museumsturm ist bis 2021 gesperrt, so dass weder das Foucault'sche Pendel bestaunt noch die herrliche Aussicht über München genossen werden kann. Da die Uferstraße wegen der Bauarbeiten gesperrt ist, wählen wir den Zugang über die Erhardtstraße und die Boschbrücke. Im Museumshof befindet sich die Kasse.

Deutsches Museum auf der Museumsinsel

Jährlich besuchen über 1,5 Millionen Menschen das Deutsche Museum mit seinen rund 28.000 Objekten. Gegründet wurde es 1903 vom Bauingenieur Oskar von Miller, der es bis 1933 führte. 1925 wurde auf der heutigen Museumsinsel der Neubau des Museums eröffnet, der im Zweiten Weltkrieg zu 80 Prozent zerstört wurde. Erst 1969 hatte es wieder dieselbe Ausstellungsfläche wie vor dem Krieg.

DEUTSCHES MUSEUM VON MEISTERWERKEN DER NATURWISSENSCHAFT UND TECHNIK · Museumsinsel 1 · 80538 München
Tel.: 089/2179333 · www.deutsches-museum.de
Öffnungszeiten: täglich 9 – 17 Uhr · Eintritt: 14 €, ermäßigt 4,50 €

Wir verlassen den Museumshof an der gegenüberliegenden Seite, gehen über die Zenneckbrücke, wo man mit etwas Glück ein Biberpärchen am Isarufer beobachten kann, und biegen nach rechts in die Zeppelinstraße ein. Das Haus Nr. 41 ist das Geburtshaus von Karl Valentin, ein typisches Vorstadthaus, wie es viele im Stadtteil Au gab. Es ist in Privatbesitz, an der Fassade ist eine Gedenktafel angebracht.

Zur Corneliusbrücke ist es nur ein kurzes Stück. Etwa in der Mitte befindet sich der Isarbalkon mit schönem Blick über die Isar. Hier soll das König-Ludwig-Denkmal wiedererrichtet werden, das bis 1942 dort stand.

Auf der anderen Isarseite nehmen wir die Corneliusstraße und gehen am Europäischen Patentamt vorbei, das hier in einem modernen Bau seinen Sitz hat. Nach wenigen Metern biegen wir nach rechts in die Baaderstraße ein, die uns zum Isartorplatz, unserem Ausgangspunkt, zurückbringt.

Geburtshaus von Karl Valentin

Isarbalkon an der Corneliusbrücke

Europäisches Patentamt

Dorffeeling in der Großstadt

Von der Au bis Haidhausen

Dorffeeling in der Großstadt

Von der Au bis Haidhausen

Die Millionenstadt München hat nach wie vor ihre kleinen, dörflichen Ecken und verwunschenen Winkel. In Au und Haidhausen, die zu den beliebtesten Wohngegenden der Stadt zählen, sind davon noch einige zu finden – wenn man weiß, wo.

Anfahrt: Kolumbusplatz · U1, U2, U7; Bus 52, 58, 68
Länge: 3,4 km

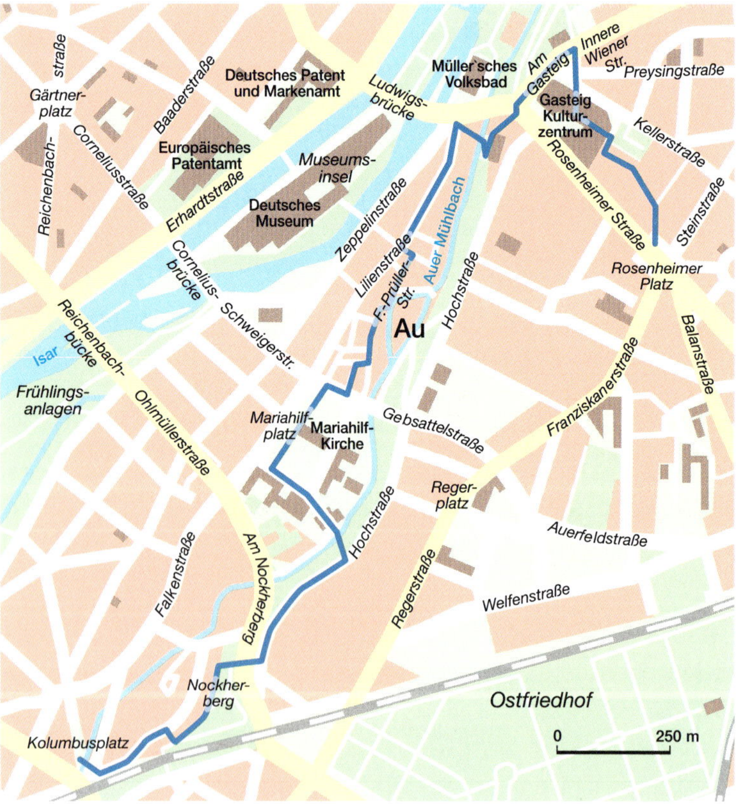

Unser Spaziergang führt am Hochufer der Isar und am Auer Mühlbach entlang durch den Stadtteil Au nach Haidhausen, die beide 1854 gemeinsam mit dem benachbarten Giesing nach München eingemeindet wurden. Hier wohnten die untersten Gesellschaftsschichten, Tagelöhner und Arbeiter, die es sich nicht leisten konnten, als Bürger in der überbevölkerten Stadt zu wohnen. Im späten 18. und frühen 19. Jahrhundert waren im Schwemmland der Isar unterhalb der Hangkante in freiem Wildwuchs und ohne Plan kleine Herbergen und Vorstadthäuser entstanden. Die hygienischen Verhältnisse waren katastrophal und auch sonst fehlte eine ordnende Hand. Das führte unter anderem zur Eingemeindung, nach der die Zustände allmählich besser wurden. In der zweiten Hälfte des 19. Jahrhunderts verschwanden bereits viele Herbergshäuser, um Neubauten Platz zu machen. Die schweren Zerstörungen des Zweiten Weltkriegs und der Bauboom der Nachkriegszeit taten ihr Übriges. Heute stehen die wenigen noch erhaltenen, typischen Vorstadt- und Herbergshäuser unter Denkmalschutz.

Wir starten unsere Erkundungstour am Kolumbusplatz nahe der Eisenbahnbrücke des Münchner Südrings, der den Ostbahnhof mit

Nockherstraße

Paulaner am Nockherberg

dem Hauptbahnhof verbindet. Vom Platz geht nach Osten die Nockherstraße ab, die wir einschlagen. Zwischen den kleinen bis sehr kleinen Herbergs- und Vorstadthäusern, die sich rechts an den Hang drücken, führt auf Höhe des Hauses Nr. 38 ein Weg zum Nockherberg hinauf. Oben angelangt, nehmen wir den Schmedererweg nach links durch den Kronepark. Der Weg, der nach Familie Schmederer benannt ist, der die Paulanerbrauerei gehörte, führt in leichtem Rechtsschwung an einem Kinderspielplatz vorbei zur Fußbrücke über die tief eingeschnittene Straße Am Nockherberg. Auf der anderen Seite findet sich der Biergarten des Paulaner am Nockherberg, des früheren Salvatorkellers. Dort wird seit 1861 das berühmte Starkbier Salvator ausgeschenkt. Der „Salvator-Ausschank" ist fast genauso berühmt wie das Oktoberfest und wird gerne als die fünfte Jahreszeit Münchens bezeichnet. Das Starkbierfest dauert 17 Tage und beginnt am Aschermittwoch. Es wird mit der Salvator-Probe und dem berühmten Politiker Derbleck'n eröffnet, einem politischen Kabarett. Die Veranstaltung wird seit 1982 im Bayerischen Fernsehen übertragen.

PAULANER AM NOCKHERBERG · Hochstraße 77 · 81541 München
Tel.: 089/4599130 · www.paulaner-nockherberg.com
Öffnungszeiten Wirtshaus: Mo. – So. 11 – 24 Uhr
Biergarten je nach Wetterlage

Leider ist das schöne Anwesen 1999 abgebrannt und durch einen modernen Neubau ersetzt worden, dem es ein wenig an Charme fehlte. 2018 wurde umgebaut und eine Hausbrauerei integriert. Das Bier ist nach wie vor gut und stark, die Aussicht herrlich – was will man mehr. Auch hier ist es, wie in jedem bayerischen Biergarten gestattet, seine eigene Brotzeit mitzubringen. Diese Tradition geht auf König Maximilian I. zurück, der den Brauereien 1812 gestattete, über ihren Kellern Bier auszuschenken. Die Gäste wollten dies aber nicht bei nüchternem Magen trinken und brachten ihr Essen mit. Und so ist es bis heute.

Weiter geht unser Spaziergang die Hochstraße entlang, von der man einen herrlichen Ausblick über München genießt. Links geht auf Höhe von Haus Nr. 65 der Joseph-Holzer-Weg ab, den wir hinunter zum Auer Mühlbach gehen. Dabei halten wir uns rechts, bis wir zu einer Fußgängerbrücke kommen. Wer mag, kann an dem schattigen Brunnen einen Moment rasten.

Der einst reißende Auer Mühlbach, der bereits 957 erstmals urkundlich erwähnt wurde, zweigt an der Marienklause südlich des Zoos Hellabrunn von der Isar ab. Er fließt reich

Auer Mühlbach

verzweigt fast sieben Kilometer durch Giesing und Au bis zur Maximiliansbrücke, wo er wieder in die Isar mündet. An seinen Ufern standen durch die Jahrhunderte zahlreiche Mühlen, Schmieden und Fabrikanlagen, aber auch Lustgärten und Parks des Adels wurden hier angelegt. Dort, wo wir uns gerade befinden, am Neudeck, lag im 16. Jahrhundert der Sommersitz der bayerischen Herzöge. Zu Schloss Neudeck gehörte ein Lustgarten und später auch ein Landschaftspark, der den Steilhang einschloss. Dieser Sommersitz wurde erst durch den Bau von Schloss Nymphenburg abgelöst.

Im westlichen Teil der Gartenanlage von Schloss Neudeck ließen die bayerischen Herzöge um 1520 ein Kloster errichten, aus dem 1627 das Paulanerkloster entstand. Die Mönche brauten seit 1634 zunächst für den Eigenbedarf Bier, das sie in der strengen Fastenzeit zur Stärkung als flüssiges Brot zu sich nahmen. Seit 1651 wurde ein besonders starkes Bier gebraut, das „Sankt-Vater-Öl" – woraus die Bezeichnung „Salvator" entstand. An den Festtagen des Ordensgründers Franz von Paola wurde das Starkbier auch öffentlich ausge-

Ehemaliges Frauengefängnis am Neudeck

schenkt. Es war so beliebt, dass es zur Haupteinnahmequelle des Klosters wurde.

Der Herzog wurde regelmäßig am 2. April zum Anstich des Salvators eingeladen. Ab 1777 durften die Paulaner das ganz Jahr über Bier ausschenken. Der Neudecker Garten wurde zu einem beliebten Ausflugsziel, das berüchtigt war für seine ausschweifenden Feste. 1799 kam der gesamte Hofstaat zum Salvator-Anstich, was zum bis dahin größten Fest Münchens wurde. Wenige Monate später wurde das Kloster säkularisiert und die Brauerei 1813 an einen Münchner Braumeister verkauft. Die ehemalige Klosteranlage wird heute von der Ohlmüllerstraße durchschnitten. Im westlichen Teil lag die Brauerei, sie ist der Kern der heutigen Paulaner-Brauerei, die ihre Braustätte allerdings 2015 an den Stadtrand verlegt hat. Auf dem ehemaligen Brauereigelände entstehen bis 2023 unter anderem 1.500 neue Wohnungen. Im östlichen Teil des Klostergebäudes befand sich ab 1807 die Criminal-Strafanstalt. Heute steht nur noch ein Teil des Klosterkonvents, der vom Schulamt genutzt wird. Auf dem restlichen Klostergelände wurde 1904 direkt am Auer Mühlbach, links neben der Fußgängerbrücke, ein neues Gefängnis errichtet. Die Justizvollzugsanstalt Am Neudeck war bis 2009 ein Frauen- und Jugendgefängnis. Heute befinden sich im denkmalgeschützten Gebäude hochwertige und komfortable Eigentumswohnungen.

Gedenktafel für Edward Jenner

Bevor wir über den Steg Richtung Mariahilfplatz weiter gehen, sollte noch erwähnt werden, dass hier 1747 die kurpfälzische Porzellanmanufaktur gegründet wurde. Es entstanden Pochwerke, Glasur- und Malmühlen. Die künstlerische Leitung der Produktionsstätte für das „weiße Gold“ übernahm Franz Anton Bustelli. Schon bald reichte der Platz jedoch nicht mehr aus, so dass die Porzellanmanufaktur 1761 nach Schloss Nymphenburg verlegt wurde – wo sie heute noch produziert. Schloss Neudeck und die Manufaktur wurden 1905 abgerissen.

Wir überqueren den Steg und gehen die Straße Am Neudeck entlang Richtung Mariahilfplatz. Auf der rechten Seite befindet sich die Polizeiinspektion 21. Sie nutzt die frühere zentrale Impfanstalt, die das Königreich Bayern mit Impfstoff zum Pockenschutz versorgte und die Erstimpfungen in München vornahm. Daran erinnert die Gedenktafel für Edward Jenner, dem Entdecker der Pockenschutzimpfung. Das Gebäude auf der linken Seite aus dem Jahr 1902 war früher das Königliche Amtsgericht München, heute ist es Sitz des Landratsamts.

Auf dem großen freien Platz rings um die Mariahilfkirche findet drei Mal im Jahr die Auer Dult statt. Seit 1905 strömen die Münch-

Flohzirkus auf der Auer Dult

ner zur Maidult im Frühjahr, zur Jakobidult im Sommer und zur Kirchweihdult im Herbst. Auf der einen Seite des Mariahilfplatzes befinden sich die Marktstände, von Antiquitäten über Porzellan, Schmuck, Kleidung und Kitsch bis zu modernen Küchenhelfern. Auf der anderen Seite haben die Schausteller mit ihren traditionellen Attraktionen ihr Reich, mit dem Kettenkarussell von 1919, Schiffschaukeln, Kasperltheater oder auch dem Flohzirkus. Bekannt ist die Auer Dult aber auch für ihr leckeres Essen. Die Auer Dult geht auf eine Genehmigung von Kurfürst Karl Theodor aus dem Jahr 1796 zurück.

Auer Dult

Die katholische Mariahilfkirche war das erste neugotische Gotteshaus Deutschlands und wurde 1831 bis 1839 von Daniel Ohlmüller und Georg Friedrich Ziebland errichtet. Im Zweiten Weltkrieg stark beschädigt, wurde das Wahrzeichen der Au wieder aufgebaut. In dem 93 Meter hohen Turm befindet sich seit 2012 das zweitgrößte Carillon Deutschlands mit 65 Glocken und einem Gewicht von 25 Tonnen. Drei Mal pro Woche ertönt das imposante Glockenspiel.

Wir überqueren den Mariahilfplatz Richtung Norden. An der steilen Gebsattelstraße mit ihrer Jugendstilbrücke fanden nach dem Zweiten Weltkrieg Seifenkistenrennen statt. Sie wurden ab 1948 von der amerikanischen Militärverwaltung organisiert. 2004 ließ der Kulturverein anlässlich der 150-Jahrfeier der Eingemeindung die alte Tradition wieder aufleben, die in den 1960er Jahren einge-

Mariahilfkirche

Seifenkistenrennen

schlafen war. Bis 2018 fanden sie zur Jakobidult statt. 2019 wurden sie eingestellt.

Wir queren die Gebsattelstraße und biegen in die Straße Am Herrgottseck ab. Sie führt uns in die kleinen, winkligen Gassen der Franz-Prüller- und Sammtstraße mit ihren typischen größeren und kleineren Gewerbe-, Vorstadt- und Herbergshäusern aus Holz, Stein und Fachwerk mit unterschiedlichen Grundrissen. So wie hier sah es früher in der ganzen Au aus. Wobei die damaligen Wohn- und Lebensverhältnisse nicht mit denen in den heutigen, denkmalgeschützten Häusern vergleichbar sind. Das sogenannte Herbergssystem führte dazu, dass ein kleines Haus mehrere Besitzer hatte, denen ein Raum oder ein Stockwerk gehörte. Jeder

Wohnanteil war separat erschlossen und zugänglich, jedes Herbergshaus hatte mehrere Hauseingänge oder außen angebrachte, überdachte Treppen.

Die Franz-Prüller-Straße mündet schließlich in die Lilienstraße, die Hauptstraße der Au. Am Paulanerplatz steht der Aubrunnen, eine allegorische Figur der Au von Ludwig von Schwanthaler. An der Nordseite des Platzes steht ein herrlicher Wirtshausbau aus dem Jahr 1900, das ehemalige Wagnerbräu. Heute setzt das Wirtshaus in der Au die 100-jährige Tradition fort. Das bayerische Restaurant ist bekannt für süffiges Bier, kreative Küche und fetzige Jazzmusik – und für die Medienszene, die sich hier gerne trifft.

WIRTSHAUS IN DER AU · Lilienstraße 51 · 81669 München
Tel.: 089/4481400 · www.wirtshausinderau.de
Öffnungszeiten: Mo. – Fr. 17 – 24 Uhr, Sa. – So. 10 – 24 Uhr

Weiter geht es Richtung Norden zur Isarbrücke. Am Ende der Lilienstraße ist auf der linken Seite das Filmtheater Museum Lichtspiele. Das zweitälteste Münchner Kino wurde 1910 als Gabriels Ton-

Blick in die Franz-Prüller-Straße

Wirtshaus in der Au

bildtheater in einem ehemaligen Varieté eröffnet und wurde bald darauf wegen der Nähe zum Deutschen Museum in Museum Lichtspiele umbenannt. Gründer des Kinos war übrigens Carl Gabriel, der 1907 auch das älteste Münchner Kino, das heutige Gabriel Filmtheater in der Maxvorstadt, eröffnete. Das Kino Museum Lichtspiele, das heute in vier Sälen Filme zeigt, wurde nicht nur wegen seines Alters, der filmbezogenen Dekoration der Vorführräume und der besonderen Filmauswahl berühmt, sondern weil hier seit 1977 die *Rocky Horror Picture Show* jeden Samstagabend in der Spätvorstellung läuft – traditionell mit ausgelassener Beteiligung des Publikums. Das brachte das Kino sogar ins *Guinness Buch der Rekorde.*

MUSEUM LICHTSPIELE · Lilienstraße 2 · 81669 München
Tel.: 089/482403 · www.museum-lichtspiele.de

Kurz vor dem Brückenkopf biegen wir nach rechts in den Riggauerweg ein. Wir kommen noch einmal zur Idylle am Auer Mühlbach, der übrigens an vielen Stellen über Jahre unter die Erde verlegt oder

Museum Lichtspiele

überdeckt war und erst 2002 wieder freigelegt wurde. Wir überqueren den Bach, steigen den Weg hoch zur Straße Am Lilienberg und biegen nach links ab.

Idylle am Auer Mühlbach

Wenige Schritte weiter besteht die Möglichkeit zur gediegenen, nichts desto weniger traditionell-bayerischen Einkehr im Kuchlverzeichnis mit dunkler Holzvertäfelung, deftiger bayerischer und moderner Küche von der Schweinshaxe über die Bauernente bis zum Salat mit Putenstreifen oder Rinderfilet mit Thaispargel.

KUCHLVERZEICHNIS · Rosenheimer Straße 10 · 81669 München
Tel.: 089/481749 · www.kuchlverzeichnis.de
Öffnungszeiten: Mo. - So. 17.30 - 1 Uhr

Das etwas gediegenere Ambiente hat seinen Grund, denn wir befinden uns schon ganz in der Nähe des Gasteigs, wo die Münchner Philharmoniker ihren Sitz haben und Konzertbesucher gerne im Restaurant vorbeischauen. Doch bevor wir uns dem hochgerühmten Kulturzentrum Gasteig zuwenden, queren wir die Rosenheimer Straße und gehen aufwärts zur Inneren Wienerstraße, wo die Nikolaikirche und die Loretokapelle zu bewundern sind. St. Nikolai gehört zur Pfarrei St. Johann Baptist in Haidhausen und ist wohl eine der am schönsten gelegenen Kirchen der Stadt. Als sie 1204 errichtet

Die Loretokapelle verdeckt die St.-Nikolai-Kirche fast vollständig

wurde, lag sie jedoch mitten in einem Anwesen, das Aussätzige aufnahm. Wer in München ansteckende Krankheiten hatte, wurde hierher gebracht. Über vierhundert Jahre später wurde direkt an die kleine Kirche eine Kapelle angebaut – jedoch ohne verbindenden Durchgang. Die Loretokapelle wurde 1678 eingeweiht und rege genutzt. 1820 wurde sie von der Gemeinde kurzer Hand abgerissen und größer und schöner wieder aufgebaut. 1926 wurde nach dem Vorbild der Gnadenkapelle von Altötting ein Umlauf angebaut. 1944 brannten Kirche und Kapelle nach einem Bombenangriff völlig aus. Erst 1955 konnte das renovierte Ensemble wieder geweiht werden.

Nun wenden wir uns dem Gasteig zu, Deutschlands größtem und erfolgreichstem Kulturzentrum. Der monumentale und durchaus gewöhnungsbedürftige Bau aus roten Ziegeln aus dem Jahr 1985 ist kaum zu verfehlen. Wir überqueren die Innere Wienerstraße, nehmen die Stubenvollstraße und gelangen über die Kellerstraße quasi von der Rückseite in den Innenhof des Kulturzentrums. Der Gasteig, wie es allgemein genannt wird, beherbergt neben den Münchner Philharmonikern und der Hochschule für Musik und Theater, noch die Münchner Volkshochschule und die Münchner Stadtbibliothek, die größte kommunale Bibliothek in Deutschland mit 1,5 Millionen Medien. Sie alle nutzen die 88.000 Quadratmeter, die der Gasteig zu bieten hat. Für Veranstaltungen stehen Konzert- und Veranstaltungssäle zur Verfügung. In der Philharmonie, dem großen Konzertsaal mit Klais-Orgel, finden 2.387 Menschen Platz, im Carl-Orff-Saal maximal 598. Hinzu kommen die Black Box mit über 200 Plätzen, der Kleine Konzertsaal mit 191 Plätzen und der Vortragssaal der Bibliothek mit 132 Sitzplätzen. Schließlich gibt es noch einen Mehrzweckraum und zwei Vortragssäle der VHS. Pro Jahr finden 1,8 Millionen Besucher den Weg in den „Kulturbunker", wie Kritiker das gewaltige Gebäude nennen. Jährlich finden hier 1.700 Veranstaltungen statt, von Musik, Theater und Show über Tanz, Film und Ausstellungen bis zu Vorträgen, Kursen, Konferenzen und Kongressen. 2021 wird die Kultureinrichtung für einige Jahre nach Sendling in die Hans-Preißinger-Straße verlegt, wo bis dahin Inte-

Kulturzentrum Gasteig

rimsgebäude errichtet werden. Bis 2026 wird der Gasteig grundsaniert.

Geschaffen wurde das Kulturzentrum, weil bei Bombenangriffen auf München 1944 die beiden Konzertsäle der Stadt, Odeon und Tonhalle, zerstört wurden. Die Philharmoniker hatten von da an kein eigenes Haus mehr und mussten sich mit Provisorien zufriedengeben. Ähnlich ging es der Stadtbibliothek und der Volkshochschule. Nach langjährigen Diskussionen wurde das Kulturzentrum schließlich auf dem Gelände am Gasteig verwirklicht. Neben den kulturellen, geistigen Genüssen gibt es im Gasteig auch Gastrobetriebe, wo wir rasten können: das Restaurant Gast – open kitchen oder das Bistro le copain – pain & vin.

GASTEIG – KULTUR FÜR MÜNCHEN · Rosenheimer Straße 5
81667 München · Tel.: 089/480980 · www.gasteig.de

GAST · Rosenheimer Straße 5 · 81667 München
Tel.: 089/480982720 · www.gast-muenchen.de
Öffnungszeiten: Mo. – Mi. 11 – 23.45 Uhr, Do. & Fr. 11 – 1 Uhr
Sa. 11.30 – 1 Uhr, So. & Feiert. 11.30 – 23.45 Uhr

LE COPAIN · im Gasteig · Rosenheimer Straße 5 · 81667 München
Tel.: 089/480982744 · www.le-copain.eu
Öffnungszeiten: Mo. – Fr. 8 – 23 Uhr, Sa. 10 – 23 Uhr, So. 10 – 20 Uhr

Vom Restaurant Gast aus befindet sich rechts zur Rosenheimer Straße hin eine Dauerausstellung zur Geschichte des Areals. An diesem Ort stand bis 1979 der Bürgerbräukeller, in dem am 8. November 1939 das Attentat von Georg Elser auf Hitler scheiterte. Die Zeitbombe am Rednerpult war auf 21.20 Uhr eingestellt – doch Hitler redete diesmal nur kurz und verließ schon um 21 Uhr die Großgaststätte. Wir laufen durch den Innenhof zwischen Volkshochschule und Stadtbibliothek hindurch. Dort auf dem Platz zwischen Gasteig und dem Gebäude der Gema befindet sich eine Gedenkplatte zum Attentat. Die Gema, die Gesellschaft für musikalische Aufführungs- und mechanische Vervielfältigungsrechte, hat auf dem Platz zwei originelle Brunnen des Künstlers Albert Hien aufstellen lassen. Der eine zeigt eine überdimensionale Tuba aus Messing, der andere eine riesige Hupe aus Bronze mit vergoldetem Handbalg. Wir schlendern an der Hupe vorbei bis zum Ende des Innenhofs, verlassen ihn nach rechts und sind am Rosenheimer Platz, dem Ende der Tour.

Brunnen in Form einer riesigen Hupe

Rückfahrt: Rosenheimer Platz · S1 – 4, S6 – 8; Tram 15, 18, 25

Ruhige Szenekultur

In Haidhausen und im Franzosenviertel

Ruhige Szenekultur

In Haidhausen und im Franzosenviertel

Haidhausen und das Franzosenviertel gehören zu den beliebtesten Wohngegenden Münchens. Sie liegen nah am Zentrum und bieten von Hoch- bis Szenekultur alles, was man sich wünschen kann. Früher galt es als Szeneviertel, doch es ist ruhiger geworden, es ist nicht so hektisch und aufgesetzt wie Schwabing und nicht so laut und aufgedreht wie Gärtner- und Glockenbachviertel.

Anfahrt: Max-Weber-Platz · U4, U5; Bus 155;
Tram 14, 16 – 19, 21, 25, 38
Länge: 4,1 km

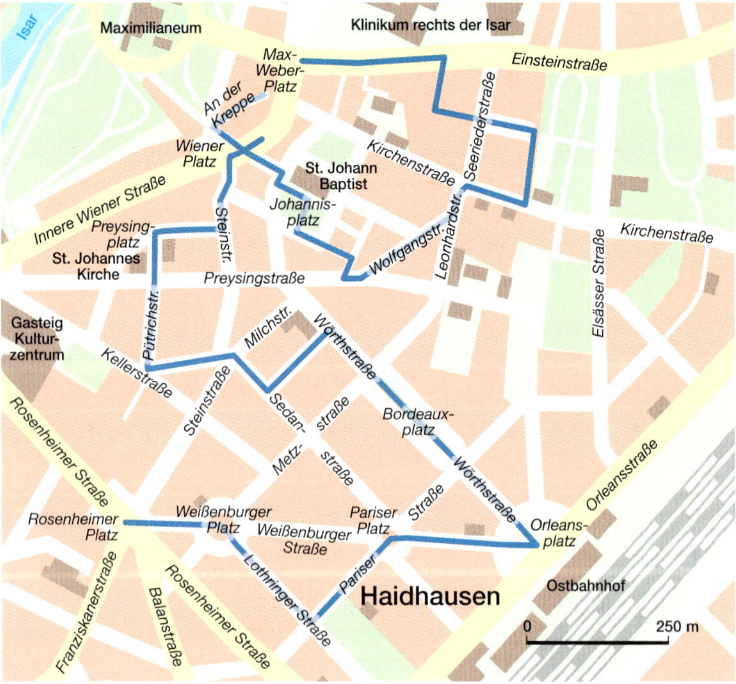

Wir beginnen unseren Spaziergang ins Herz von Haidhausen am Max-Weber-Platz, der seinen Namen 1905 nach einem hohen Münchner Beamten erhielt und erst nachträglich 1998 auch dem berühmten Soziologen gewidmet wurde. Wir nehmen die Einsteinstraße, die dem Verlauf der mittelalterlichen Salzstraße entspricht, die von Berchtesgaden und dem Salzkammergut über München nach Augsburg führte – und den Reichtum Münchens begründete. Sie verlief im Norden an Haidhausen vorbei und weiter vom Max-Weber-Platz über die Innere Wienerstraße zum Gasteig und über die von Herzog Heinrich dem Löwen 1157/1158 errichtete Holzbrücke auf die andere Isarseite durch das von ihm gegründete München. Der Reichtum der Stadt schlug sich unmittelbar auf das Dorf auf der rechten Isarseite nieder. Mit jedem weiteren Bauprojekt, das in München verwirklicht wurde, wurden mehr Arbeitskräfte benötigt. Sie ließen sich in den Vorstädten rechts der Isar nieder, denn das teure Bürgerrecht der Stadt konnten sie sich nicht leisten. Und so wuchs das Dorf im Mittelalter und früher Neuzeit durch Taglöhner, Handwerker, Mittellose und Gastarbeiter aus Italien, die schon damals München als die nördlichste Stadt Italiens schätzten.

Von der ausgedehnten Bebauung mit Herbergshäusern am Rand der Einsteinstraße ist nichts erhalten geblieben. Nach der Eingemeindung nach München 1854 wurde auch die Gemarkung Haidhausen mit Gründerzeit-Mietshäusern bebaut. Sie blieben im Zweiten Weltkrieg zum großen Teil zerstört. Doch an manchen Stellen ist das alte Haidhausen vor 1850 noch zu finden.

Bevor wir uns weiter in das ehemalige Dorfzentrum begeben, blicken wir nördlich auf die Einsteinstraße, die vom riesigen Klinikum Rechts der Isar eingenommen wird. Es wurde 1834 als Kranken- und Armenversorgungsanstalt in Haidhausen gegründet. Mit der Eingemeindung erhielt es den Namen „Krankenhaus rechts der Isar" und wuchs mit der wachsenden Bevölkerung in den Vorstädten rechts der Isar. Heute ist das Klinikum ein Zentrum der Hochleistungsmedizin mit über 30 Fachkliniken und Abteilungen und 1.100 Betten.

Wir bleiben auf der rechten Seite der Straße, bis wir die Einsteinstraße 42 erreichen. Hier befindet sich das alte Brauhaus der Unionsbräu und das dazugehörige Wirtshaus. Die Brauerei hatte der jüdische Hopfenhändler Joseph Schülein 1895 erworben. Auf dem Gelände ließ er 1896 die Brauereigaststätte errichten und baute das Biergeschäft stetig aus. 1905 fusionierte er mit der Münchner-Kindl-Brauerei und 1921 mit der Bürgerbräu und der Löwenbrauerei, deren renommierten Namen das neue Unternehmen übernahm. Sein Sohn Hermann Schülein führte die Löwenbräu von 1924 an. Er machte sie bald zur größten Brauerei Bayerns. 1935 wurde er von den Nazis vertrieben. Joseph Schülein, der sich großzügig für soziale und kulturelle Zwecke in München engagierte, trat 1933 wegen antisemitischer Anfeindungen vom Vorsitz des Aufsichtsrats zurück und zog sich auf Schloss Kaltenberg zurück, wo er 1938 starb. Nach dem Krieg konnte sich die Großbrauerei mit Familie Schülein einigen und 1948 wieder mit der Bierproduktion beginnen. Heute gehört Löwenbräu, genauso wie die Münchner Brauereien Spaten und Franziskaner, zum Getränkeriesen ABInBev.

Die traditionsreiche Brauereigaststätte wurde 1990 in eine Hausbrauerei umgewandelt, die den Namen Unionsbräu wieder aufleben ließ. Seit 2015 wird hier allerdings nicht mehr gebraut. In der Gast-

Unionsbräu

Gedenkstein am alten Sudhaus

stube und im Biergarten im Innenhof werden aber weiter leckere bayerische und internationale Gerichte serviert. Das alte Sudhaus wird von der Werbedesign-Akadamie U5 genutzt. In den alten Braukellern ist unter dem Namen „Einstein Kultur“ ein attraktives Kulturzentrum entstanden. Hier haben der legendäre Jazzclub „Unterfahrt“ und das Kino KiM ihre Räume, außerdem treffen sich Musik- und Theatergruppen. Im Programm sind Konzerte, Film- und Theateraufführungen, Ausstellungen und Performances.

Der Jazzclub „Unterfahrt“ wurde 1978 in der Eckkneipe „Zur Unterfahrt“ in der Kirchenstraße/Ecke Haidenauplatz gegründet. Nach über 35 Jahren aufsehenerregendem Programm mit fast täglich wechselnden Jazz-Konzerten zählt die Unterfahrt zu den „100 great Jazz Clubs“ der Welt.

Das Kino KiM ist eine Initiative aus der Zeit, als die Szene noch in Haidhausen zuhause war. Es wurde 1985 auf privater Initiative als „Kinderkino für Ausländer“ gestartet, das ausländischen Kindern Filme in ihrer Muttersprache präsentierte. Bald kamen deutsche Filme hinzu und der pädagogische Ansatz, die Kinder im multikulturellen Stadtteil zur gemeinsamen Nachbereitung anzuregen. Sitz des

Eingang zum Kulturzentrum Einstein

Kinos war das Haidhausen Museum. Der Name wandelte sich bald zum Kino im Museum, den es heute noch trägt. Der Umzug ins Kulturzentrum Einstein erfolgte 1998. Heute zeigt das KiM besondere Filme für Kinder und Erwachsene.

UNIONSBRÄU
Einsteinstraße 42 · 81675 München
Tel.: 089/41109849
www.unionsbraeu-muenchen.de
Öffnungszeiten: Di. – Sa. 17 – 0 Uhr
So. 12 – 22 Uhr

KULTURZENTRUM EINSTEIN
Einsteinstraße 42
81675 München
Tel.: 089/416173795
www.einstein-kultur.de
Programm und Tickets auf der Homepage

JAZZ-CLUB UNTERFAHRT · Einsteinstraße 42 · 81675 München
Tel.: 089/4482794 · www.unterfahrt.de
Öffnungszeiten: Mo. – So. 19.30 – 1 Uhr · Konzertbeginn 21 Uhr

KIM – KINO IM MUSEUM · Einsteinstraße 42 · 81675 München
Tel.: 089/47077766 · www.kim-kino.de
Programm auf der Homepage · Reservierung: 0174/5649540

Wir nehmen den Eingang Einsteinstraße 42 und gehen in den Innenhof, wo der Zugang zu den Kellergewölben des Einstein und des Jazzclubs Unterfahrt sowie der Biergarten der Gaststätte zu finden sind.

Wir gehen geradeaus weiter, rechts am alten Sudhaus vorbei durch einen weiteren Durchgang, der uns zur Fußgängerzone im Inneren des neu bebauten Areals bringt. Der Innenbereich des Quartiers mit dem großen Gelände der Unionsbrauerei, das zuletzt als Flohmarkt genutzt worden war, und einigen Wohnhäusern und Gewerbebetrieben, wurde Anfang der 1980er Jahre flächensaniert und mit Wohnungen bebaut. Die Fußgängerzone verbindet die verschiedenen Innenhöfe miteinander. Wir halten uns links und gehen durch weitere Durchgänge bis zur Seeriederstraße mit ihrem gemütlichen Platz mit Café. Wir folgen der Fußgängerzone weiter bis zur Mauer des Friedhofs Haidhausen, biegen nach rechts ab und gehen durch einen weiteren Durchgang, bis wir zur Kirchenstraße am Pfarramt St. Johann Baptist kommen. Links steht erhöht die Alte Pfarrkirche St. Johann Baptist, der wir einen kurzen Besuch abstatten. An der Stelle des steinernen romanischen Gotteshauses stand im 9. Jahrhundert bereits eine Holzkirche. Im frühen 14. Jahrhundert wird hier eine romanische Kirche aus Stein erwähnt, deren Reste im Untergeschoss nachgewiesen sind. Ende des 15. Jahrhunderts wurde sie spätgotisch verändert, 1698–1700 wurde sie erneut umgebaut. 1712 brannte der Turm, so dass er erneuert werden musste. Seine heutige Spitze bekam er 1865 – damals war die Zeit als Pfarrkirche schon fast abgelaufen, denn die neue Pfarrkirche am Johannisplatz war bereits im Bau. Der Friedhof mit seinem uralten Baumbestand, der von einer drei Meter hohen Mauer umgeben ist, ist eine der ältesten

Alte Pfarrkirche St. Johann Baptist

Grünanlagen Münchens und wird bis heute als Friedhof genutzt. Auf den eisernen Grabkreuzen stehen keine Namen Münchner Prominenz, wie auf dem Friedhof Bogenhausen oder dem Alten Südfriedhof, sondern eher Haidhauser Namen.

Weiter geht es die Kirchenstraße hinunter, der alten Hauptstraße des Dorfes Haidhausen, dessen eigentlicher Kern die Wolfgang- und die Leonhardstraße war. Der Geschichte und den Geschichten aus Haidhausen widmet sich das Haidhausen Museum, das 1977 auf private Initiative hin gegründet wurde und heute vom Haidhauser Stadtteilmuseum e. V. betrieben wird. Unterstützt wird der Verein vom Kulturreferat der Stadt. Im denkmalgeschützten, klassizistischen Gebäude aus dem Jahr 1862 werden jedes Jahr zwei bis vier Ausstellungen zur Kultur und Geschichte des Stadtteils gezeigt.

HAIDHAUSEN MUSEUM · Kirchenstraße 24 · 81675 München
Tel.: 089/4485292 · www.haidhausen-museum.mux.de
Öffnungszeiten: So. 14 – 17 Uhr, Mo. – Mi. 17 – 19 Uhr

Haidhausen Museum

Kriechbaumhof

Wir gehen die Kirchenstraße ein paar Schritte zurück zur Kreuzung Wolfgangstraße, biegen in sie ein und verweilen kurz an der Abzweigung der Leonhardstraße. Links befindet sich das ausgedehnte Kirchliche Zentrum der Erzdiözese München und Freising. Auf dem Gelände befand sich bis 1828 das Schloss des Grafen Preysing aus dem 17. Jahrhundert mit Barockgarten, die Preysingallee (heute Preysingstraße) führt gradlinig auf das Schloss zu. 1840 ließ sich hier der Orden der „Frauen vom Guten Hirten" mit königlicher Genehmigung nieder und errichtete Klostergebäude und eine Kirche. Die Nonnen betrieben eine Anstalt zur Rettung und Erziehung gefährdeter Mädchen und Frauen, die bis 1965 bestand. Damals kaufte das Erzbischöfliche Ordinariat das gesamte Klostergelände und errichtete dort sein Kirchliches Zentrum mit Schule, Hochschule, Bibliothek, Kirche, Ämtern und Mensa.

Wenn wir uns rechts halten, können wir der Wolfgangstraße bis ins Zentrum des ehemaligen Dorfes folgen. Links, kurz vor der Einmündung in die Preysingstraße, steht der Kriechbaumhof, ein ehemaliges Herbergshaus aus Holz aus dem 17. Jahrhundert, das letzte seiner Art in der Stadt. Die Vorstädte rechts der Isar waren im 18. und 19. Jahrhundert mit zahlreichen dieser Holzhäuser bebaut. Sie wurden von mehreren Parteien bewohnt, denen ihr Zimmer oder ihr Stockwerk gehörte, die mit je einem separaten Eingang versehen waren. Dazu diente der Umgang im ersten Stockwerk. Die Herbergshäuser waren aus Holz, Stein oder Fachwerk gebaut. Sie verschwanden zum großen Teil in der Gründerzeit und im Bombenhagel des Zweiten Weltkriegs. Der Kriechbaumhof wurde 1976 abgetragen, eingelagert und zehn Jahre später an seinem heutigen Platz an der Preysingstraße 71 wieder aufgebaut. Heute wird er als Jugendheim des Deutschen Alpenvereins genutzt. Direkt gegenüber auf der anderen Seite der Preysingstraße finden sich weitere steinerne Varianten der alten Herbergshäuser, die von der Stadt erhalten wurden. Das Haus 58, das Üblacker-Häusl, dient als Herbergen-Museum. Hier kann man in original ausgestatteten Räumen sehen, unter welchen Bedingungen hier Tagelöhner hausten. Dieser Teil der Preysingstraße hat noch einen idyllischen, romantischen Charakter, der nicht darüber hinwegtäuschen darf, dass hier diejenigen lebten, die in der Stadt keine Chance hatten.

ÜBLACKER-HÄUSL · Herbergen-Museum · Preysingstraße 58
81667 München · Tel.: 089/4807679
Öffnungszeiten: Mi. & Do. 17 – 19 Uhr, Fr. & So. 10 – 12 Uhr

Üblacker-Häusl

Ein Stückchen weiter die Preysingstraße hinunter biegen wir nach rechts in die Walserstraße und dann gleich wieder links in die Obere Johannisstraße ab, die uns zum Blumen geschmückten Johannisplatz führt.

Neue Pfarrkirche St. Johann Baptist

Hier finden wir die neugotische Pfarrkirche St. Johann Baptist, die zwischen 1852 und 1874 errichtet wurde. Der Turm ist über 90 Meter hoch, und der „Dom von Haidhausen“ gilt als eine der größten Kirchen Münchens. Der Neubau war der stark angewachsenen Bevölkerung Haidhausens geschuldet.

Schräg gegenüber von der mächtigen Turmseite des Gotteshauses ist eine herrlich skurrile Kneipe, die noch ganz im Stil der 1950er Jahre eingerichtet ist. Mittags findet man hier nur ein paar Alteingesessene, nachmittags ein paar Rentner und Studenten, abends wird es meist richtig voll. Dann treffen hier Krawattenträger auf Kreative, Ausgeflippte auf Schickimickis, Reiche auf Arme – eine reizvolle Mischung. Und der ideale Ort, wenn man nachts in München nochmal weggehen will, wenn die anderen Kneipen schon zumachen.

Johannis Café

Wiener Platz

JOHANNIS CAFÉ

Johannisplatz 15 · 81667 München · Tel.: 089/4801240
Öffnungszeiten: Mo. – So. 11 – 5 Uhr, Di. Ruhetag

Durch die Chorherrstraße gelangen wir zum Wiener Platz mit seinen grünen Marktbuden, wohl einer der schönsten Plätze der Stadt, egal ob man vormittags in aller Ruhe einen Kaffee trinken möchte oder nachmittags ein schönes Plätzchen ergattert, um den Marktbetrieb zu beobachten. Seit 1889 befindet sich hier der kleinste der vier ständigen Märkte Münchens. Der Ausbau ringsum mit repräsentativen Mietshäusern im Stil des Historismus begann 1899. Von den Bierkellern der Münchner Brauereien, die sich vom Gasteig bis hierher erstreckten, ist nur noch der Hofbräukeller geblieben. Von 1896 bis 1988 wurde das Bier der Hofbräu hier gebraut, seither entsteht es im Stadtteil Riem. Die Gaststätte Hofbräukeller mit ihrem herrlichen Biergarten, einem der größten und schönsten Münchens mit uralten Kastanien, ist bis heute sehr beliebt.

HOFBRÄUKELLER
Innere Wiener Straße 19
81667 München
Tel.: 089/4599250
www.hofbraeukeller.de
Öffnungszeiten:
Mo. - So. 10 - 24 Uhr

Die Münchner Brauereien nutzen das Hochufer der Isar, um in kühlen Kellern ihr Bier zu lagern. Sie nutzten zudem das Wasser der Quellen, die am Hang entspringen und bis 1883 die Stadt München mit Wasser versorgten. Seither bekommt München sein Trinkwasser aus dem Quellgebiet der Mangfall. Über den Bierkellern befanden sich schattenspendende Kastanien, in Zeiten mangelnder Kühltechnik die einzige Möglichkeit, das Bier länger kühl und frisch zu halten.

Die Arbeiterviertel auf dieser Seite der Isar galten Anfang des Jahrhunderts als links. Als 1919 die Räterepublik gewaltsam niedergeschlagen wurde, wüteten hier die rechten Freikorps. Im Biergarten des Hofbräukellers erschoss das Freikorps Lützow zwölf Haidhauser Arbeiter. Eine

Hofbräukeller Biergarten

Gedenktafel 1919

Herbergshäuser „An der Kreppe"

Evangelische St. Johanneskirche

Gedenktafel an der Nordwestseite des Wiener Platzes erinnert an dieses Drama.

Wenden wir uns von hier nach rechts, können wir in der Straße An der Kreppe noch einen zusammenhängenden Bereich mit Herbergshäusern erkunden. Im Meer der hohen Mietshäuser eine Idylle.

Am Wiener Platz und seiner Umgebung haben sich übrigens einige schicke Boutiquen und Designer-Läden niedergelassen.

Doch bevor wir uns dem Franzosenviertel zuwenden, der dritten großen Stadterweiterung Münchens, machen wir noch einen kurzen Abstecher zum Preysingplatz und der neuromanischen St. Johanneskirche. Wir queren die Innere Wiener Straße und nehmen die Steinstraße, der wir folgen, bis wir nach rechts in die Eggernstraße einbiegen und nach ein paar Schritten die St. Johanneskirche erreichen. Das evangelisch-lutherische Gotteshaus wurde 1916 mitten im Ersten Weltkrieg geweiht. 1889 war an selber Stelle eine provisorische Notkirche als vierte protestantische Kirche in München errichtet worden. Grund war der große Zustrom an Menschen, unter denen auch zahlreiche evangelische Christen waren.

Die beengten Verhältnisse in München führten zur Planung einer Stadterweiterung südlich von Haidhausen und westlich des neuen Ostbahnhofs (1871), der über die „Gürtelbahn“ durch den Süden Münchens mit dem Hauptbahnhof verbunden wurde. Den Entwurf des neuen Ostbahnhofviertels, das erst später den Namen Franzosenviertel erhielt, plante Oberbaurat Arnold Zenetti im Stil der Gründerzeit am Reißbrett. Ausgangspunkt seiner Planung war der halbrunde Orleansplatz, den er vor dem Ostbahnhof ansiedelte. Von dem repräsentativen Platz gehen nach französischem Vorbild strahlenförmig fünf gerade Straßen ab. Die Mittelachse bildet die Wörthstraße, im rechten Winkel zu ihr verläuft die Orleansstraße, die das Viertel im Osten begrenzt, die Diagonalen sind die Weißenburger und Belfortstraße. Die ersten Straßen wurden 1872 angelegt. Sie erhielten ihre Namen nach siegreichen Schlachten des deutsch-französischen Kriegs von 1870/71 – daher Franzosenviertel. Es entstanden im Wesentlichen große Mietskasernen. Die herrlichen Fassaden im Stil des Historismus, hauptsächlich Neurenaissance und Neubarock, täuschen darüber hinweg, dass dahinter die arme Bevölkerung in drangvoller Enge ihr Dasein fristete. Das Viertel wurde zu einem der dichtest besiedelten in München. Im Zweiten Weltkrieg kaum zerstört, war es in den 1970er Jahren ziemlich heruntergekommen. Arbeiter und Familien zogen weg in attraktivere Gegenden, Studenten, Künstler und Ausländer lockten die günstigen Altbauwohnungen her. Das Franzosenviertel avancierte zum blühenden Szeneviertel. In den 1980er Jahren begann die Sanierung des Gebiets. Seither ist es hier ruhiger geworden, die wilden Partys werden heute im Glockenbachviertel, Schlachthofviertel, Drei-Mühlenviertel und Untergiesing gefeiert. Doch die attraktive Mischung aus alternativen Projekten, Kunst und Kultur, Altbauwohnungen und Kinderfreundlichkeit machen Haidhausen und das Franzosenviertel zu einem der beliebtesten Wohngebiete Münchens.

Doch schauen wir uns die wunderschönen Straßen des Franzosenviertels selbst an mit Bars, Restaurants, kleinen Läden und Boutiquen. Wir verlassen den Preysingplatz über die Püttrichstraße, nehmen die Milchstraße und biegen am Genoveva-Schauer-Platz nach rechts in

Bordeauxplatz

die Sedanstraße ein. Wir biegen nach links in die Comeniusstraße ein und erreichen die Wörthstraße, der wir nach rechts zum Bordeauxplatz folgen.

Wörthstraße

Dieser wurde übrigens nicht nach einer Schlacht benannt, sondern nach der Partnerstadt Münchens. Wir schlendern über den ausgedehnten mit Bäumen bepflanzten Platz an Brunnen vorbei Richtung Ostbahnhof und Orleansplatz. Rund um den Bahnhof waren einst zahlreiche Industriebetriebe angesiedelt, die größtenteils abgewandert sind. Auf den Flächen entstanden und entstehen weitere Wohngebiete. Als Verkehrsknotenpunkt spielt der Ostbahnhof weiter eine wichtige Rolle in der Stadt.

Wir verlassen den Orleansplatz, der ein wenig an einen großzügigen Pariser Platz erinnert, durch die Weißenburger Straße. Am belebten Pariser Platz, der mit seinen schattigen Bäumen und Bänken zum Verweilen einlädt, biegen wir nach links in die Pariser Straße, dann rechts in die Lothringer Straße ein. Unser nächstes Ziel ist das Zentrum für experimentelle Kunst „Lothringer13 Halle“. Hier befinden sich drei Ausstellungsräume: „Lothringer13 Halle“, „Lothringer13 Rroom“, ein Kunstraum mit regelmäßigem Programm, und „Lothringer13 Florida“, ein unabhängiger Kunstraum. Die Halle wurde 1980 von der Stadt München als Raum für internationale Gegenwartskunst in einer ehemaligen Autolackiererei gegründet. Derzeit wird das Projekt von den Kuratoren Jörg Koopmann und Dana Weschke geleitet.

LOTHRINGER13 · Lothringer Straße 13 · 81667 München
Tel.: 089/66607333 · www.lothringer13.com
Öffnungszeiten: Di. - So. 11 - 20 Uhr · Eintritt frei

Die Lothringer Straße mündet auf den Weißenburger Platz mit Brunnen, Bänken und üppiger Blumenpracht, dem beliebten Zentrum des Franzosenviertels. Ringsum laden kleine Geschäfte zum Bummeln ein. In der Mitte plätschert der Glaspalastbrunnen, der 1853 im Glaspalast des Alten Botanischen Gartens errichtet und später hierher verlegt wurde. Im Dezember lockt ein gemütlicher Weihnachtsmarkt die Haidhauser hierher.

Von hier sind es nur wenige Schritte durch die Fußgängerzone in der Weißenburger Straße zum Rosenheimer Platz, dem Ende unserer Tour.

Rückfahrt: Rosenheimer Platz · S1 - 4, S6 - 8; Tram 15, 18, 25

Weißenburger Platz - herrlicher Brunnen

Die Grüne Lunge Münchens

Auf Biergartentour durch den Englischen Garten

Die Grüne Lunge Münchens

Auf Biergartentour durch den Englischen Garten

Der Englische Garten mit seinen Wahrzeichen Chinesischer Turm und Monopteros ist mit einer Fläche von 376 Hektar einer der größten innerstädtischen Parkanlagen der Welt. Vor 225 Jahren von Kurfürst Karl Theodor durch den späteren Reichsgraf von Rumford angelegt, war er der erste Volksgarten auf dem Kontinent. Heute tummeln sich dort jährlich mehr als fünf Millionen Besucher.

Anfahrt: Haus der Kunst · Bus 100; Tram 16
Länge: 3 km

Unseren Spaziergang durch den Englischen Garten starten wir am Haus der Kunst. Es liegt am südlichen Ende des Gartens in der Prinzregentenstraße 1. Der Bau entstand nach der Machtergreifung Hitlers. Paul Ludwig Troost hatte das zweigeschossige Gebäude im Stil des Klassizismus entworfen. Hitler kam am 15. Oktober 1933 zur Grundsteinlegung und auch die Eröffnung des „Hauses der Deutschen Kunst" – so hieß es damals – am 18. Juli 1937 nutzte die nationalsozialistische Propaganda. Bis zum Ende des Zweiten Weltkriegs avanciert das „Haus der Deutschen Kunst" zum zentralen Schauplatz der offiziellen, staatlich gelenkten Kunst des NS-Regimes. Werke wie die von Max Beckmann und Oskar Schlemmer wurden aus den Sammlungen entfernt oder verbrannt.

Das im Zweiten Weltkrieg fast unzerstört gebliebene Gebäude ist heute ein öffentliches Museum. Es sollte schon seit 2012 saniert werden, doch wegen eines Sanierungsstaus ist dies weiterhin zurückgestellt. Frühestens Mitte 2021 soll ein erster Bauantrag eingereicht werden. Das Museum hat keine eigene Sammlung, sondern ist ein internationales Zentrum moderner Kunstausstellungen für Gegenwartskunst.

Ab April 2020 wird der Kunsthistoriker und Kurator Andrea Lissoni künstlerischer Geschäftsführer des Hauses. Der Südtiroler arbeitet seit fünf Jahren als sogenannter Senior Curator an der Londoner Tate Modern Gallery. Davor leitete er das Ausstellungshaus Hangar Bicocca in Mailand und war Mitbegründer des Kulturnetzwerkes Xing.

HAUS DER KUNST · Prinzregentenstraße 1 · 80538 München
Tel.: 089/21127113 · www.hausderkunst.de
Öffnungszeiten: Mo. – So. 10 – 20 Uhr, Do. 10 – 22 Uhr
Tagesticket: 14 €, erm. 10 €, Jugendliche bis 18 Jahre 5 €
Kinder unter 12 Jahren frei
Sammlung Goetz im Haus der Kunst:
Do. 10 – 22 Uhr, Fr. – So. 10 – 20 Uhr
Eintritt: 5 €, erm. 3 €

Haus der Kunst

Wir gehen am Haus der Kunst vorbei und sehen an schönen Tagen schon in der Ferne, wie sich über ein steinernes Brückengeländer die Menschen lehnen und gebannt nach unten schauen. Sie stehen an der berühmten Welle über dem Eisbach und beobachten die Surfer. Sommers wie winters sind sie in ihren Neoprenanzügen auf dem Wasser unterwegs mit rasantem Wellenritt.

Wir betreten den Englischen Garten zwischen Haus der Kunst (links von uns, Eisbach rechts von uns) und halten uns links, bis wir rechter Hand auf einer künstlichen Insel im Schwabinger Bach nach rund 400 Metern das japanische Teehaus sehen. Es entstand zu den Olympischen Sommerspielen 1972 und ist ein Geschenk einer japanischen Teeschule an den Freistaat Bayern. In Münchens Partnerstadt Sapporo fanden im selben Jahr die Winterspiele statt. Das Teehaus ist nur an bestimmten Wochenenden geöffnet. Dann kann dort gegen einen Unkostenbeitrag von 8 Euro (Erwachsene) eine japanische Teezeremonie miterlebt werden. Außerdem wird seit 20 Jahren das Japanfest am japanischen Teehaus von der Deutsch-Japanischen Gesellschaft in Bayern e.V., dem Japanischen Generalkonsulat und vom Japan Club München veranstaltet. Ehrengäste aus Japan präsentieren Kunst und Kultur des Landes, junge Menschen tragen Manga-Kostüme.

Japanisches Teehaus

JAPANISCHES TEEHAUS · Königinstraße 4 · 80539 München
Tel.: 089/224319 · www.urasenke-muenchen.de
Japanische Teezeremonie von Mitte April bis Mitte Oktober an jedem zweiten Wochenende im Monat: Sa. & So. 14, 15, 16 und 17 Uhr

Wir überqueren den Köglmühlbach, der in den Schwabinger Bach mündet, und halten uns erneut rechts. Nun geht es immer geradeaus. Der Eisbach ist rechts von uns. Wir überqueren den Schwabinger Bach. Von Ferne sehen wir auf einer künstlich erschaffen Anhöhe den Monopteros. Den tempelartigen steinernen Rundbau mit seinen zehn ionischen Säulen und kassettierter Kuppel ließ König Ludwig I. von Leo von Klenze um 1830 entwerfen. Er steht auf dem Fundament des ehemaligen hölzernen Monopteros. Im Monopteros treffen sich Liebespaare bei Sonnenuntergang, genießen Touristen wie Einheimische den großartigen Panoramablick über die Stadt. Im Winter ziehen Kinder ihre Schlitten auf den 15 Meter hohen Hügel oder rutschen auf ihren Skihosen auf Plastiktüten hinunter.

Monopteros

Wenige Schritte vom Monopteros entfernt, treffen wir auf den Chinesischen Turm, ein weiteres Wahrzeichen für den Englischen Garten. Er ist nicht zu verfehlen. Immer den Klängen der Blasmusik nach, bis wir auf eine fünfstöckige Holzpagode treffen. Sie ist im doppelten Sinne eine Nachbildung: Sie wurde 1790 erstmals nach dem Vorbild der doppelt so hohen Pagode im königlichen Schlossgarten Kew Gardens in London nachgebaut, die wiederum der Majolikapagode in Peking. Im Zweiten Weltkrieg brannte die Münchner Pagode ab und wurde 1951/52 originalgetreu rekonstruiert. Im Schatten des 25 Meter hohen Turms treffen sich Münchner und Menschen aus aller Welt. Sie trinken dort eine Maß Bier und lassen sich Steckerlfisch oder Haxn schmecken. 7.000 Menschen haben in Münchens zweitgrößtem Biergarten Platz.

RESTAURANT & BIERGARTEN AM CHINESISCHEN TURM
Englischer Garten 3 · 80538 München · Tel.: 089/3838730

www.chinaturm.de · Öffnungszeiten Restaurant: tägl. 11.30 – 18 Uhr
Biergarten: bei schönem Wetter tägl. ab 10 Uhr

Für kleine Besucher gibt es das im Jahr 1913 entstandene Kinderkarussell. Der Schwabinger Malermeister und Dekorationsmaler August Julier hatte es geplant und erbaut. Bildhauer Joseph Erlacher und sein Bruder August bemalten und gestalteten die Figuren. In den Jahren 1979 bis 2000 restauriert, drehen Kinder auf Pferd, Schwan, Steinbock, Hirsch, Affe, Flamingo, Lama, Strauß und Kamel Runden unter dem zwölfeckigen Pavillonbau mit Schindeldach ihre Runden.

Chinesischer Turm

Erwachsene können ihre Runden am Chinesischen Turm beim Kocherlball drehen und zwar immer am dritten Sonntag im Juli. Allerdings müssen sie dafür früh aufstehen. Um sechs Uhr geht die größte Volkstanzveranstaltung in München los, um 10 Uhr ist sie vorüber. Dies hat seinen Grund: Im 19. Jahrhundert trafen sich die Hausangestellten – Köchinnen, Kindermädchen, Hausdiener und Laufburschen – immer sonntags bei schönem Wetter vor der Arbeit, um gemeinsam zu tanzen. Daher kommt auch der Name des Balls. 1989 wurde die Tradition wieder belebt. Heutzutage tanzen nicht nur Hausangestellte auf dem Ball, auch wenn viele „Köche und Laufburschen" zu sehen sind. Viele davon sind verkleidet. Und sie kommen auch nicht wie damals vor der Arbeit, sondern bereits nachts und warten bei einer Brotzeit auf die Tanzmusik. Bis zu 10.000

Besucher sind es meist. Wenn dann die „Fledermaus-Quadrille“ von Johann Strauss Sohn erklingt, wird die „Münchner Francaise“ getanzt. Wer nicht weiß, wie sie geht, kann sich darauf bei drei kostenlosen Tanzkursterminen im Hofbräuhaus vorbereiten.

Was im Sommer der Kocherlball, ist im Winter der Weihnachtsmarkt. Rund um den beleuchteten Chinaturm sind Buden aufgebaut. Nun heißt es Kunsthandwerk und Kulinarik gleichermaßen.

Am Chinesischen Turm können müde Spaziergänger in Bus 54 oder 154 einsteigen und ihren Spaziergang mit den Hauptsehenswürdigkeiten im südlichen Teil des Englischen Gartens beenden, oder auf die Pferdekutsche oder Rikscha umsteigen. Wer testen will, wie ortskundig der Rikschafahrer ist, der frage nach dem Denkmal für Friedrich Ludwig von Sckell und nach dem Rumford-Haus. Beides liegt nicht weit vom Chinesischen Turm entfernt.

Denkmal Friedrich Ludwig von Sckell

Zu Fuß geht es dorthin wie folgt weiter: Wir verlassen den Chinesischen Turm, er muss rechts von uns sein, geradeaus und kommen ans Rumford-Haus, das links von uns liegt. Das gelb gestrichene ehemalige Offizierskasino wurde 1791 im klassizistischen englischen Kolonialstil erbaut. Es erinnert an den Ideengeber für den Garten, den Amerikaner Benjamin Thompson und späteren Reichsgrafen Rumford. Nicht ausgelastete Soldaten sollten ihn anlegen und dazu beitragen, einen landwirtschaftlichen Musterbetrieb aufzubauen. Er sollte zur Wissensvermittlung und gleichzeitig für Musestunden dienen.

Rumford-Haus

Unser Weg führt weiter nach Norden zum Kleinhesseloher See, wo Entspannung pur auf uns wartet. Für die einen bei einer Fahrt mit dem Tretboot auf dem zwischen 1800 und 1812 künstlich angelegten See, für die anderen beim Besuch des Biergartens. Um hinzukommen, folgen wir weiter dem breiten Fußweg. Am Ufer sehen wir die Gedenksäule für Friedrich Ludwig von Sckell. Der Gartenarchitekt wurde von Kurfürst Karl Theodor beauftragt und plante ab 1789 den südlichen Teil des Gartens bis zum Kleinhesseloher See. Der nördliche Teil bis zum Aumeister entstand unter Reinhard Freiherr von Werneck ab 1800. Unweit des Seehauses steht auch ein Denkmal für ihn.

SEEHAUS IM ENGLISCHEN GARTEN
Kleinhesselohe 3 · 80802 München · Tel.: 089/381613-0
www.kuffler.de · Öffnungszeiten: täglich 10 – 1 Uhr

Rückfahrt: Osterwaldstraße · Bus 59

Ludwigvorstadt

Von Münchens Prachtstraße zur Schwabinger Boheme

ZVM FRIEDEN MAHNEND

Ludwigvorstadt

Von Münchens Prachtstraße zur Schwabinger Boheme

Prachtstraße und Vergnügungsmeile, Studentenflair und La Boheme, all diese Aspekte finden sich auf diesem Spaziergang wieder.

Anfahrt: Von-der-Tann-Straße · Bus 100
Länge: 6 km

Wir starten unseren Spaziergang auf der Ludwigstraße Ecke Von-der-Tann-Straße. Ludwig I. beauftragte die später nach ihm benannte Straße 1816 bei Leo von Klenze. Er schuf eine der bedeutendsten Straßenanlagen Europas. Flankiert wurde sie mit Gebäuden, deren Fassaden venezianischen und florentinischen Vorbildern nachempfunden wurden. Das neue Prachtviertel entwickelte sich schnell.

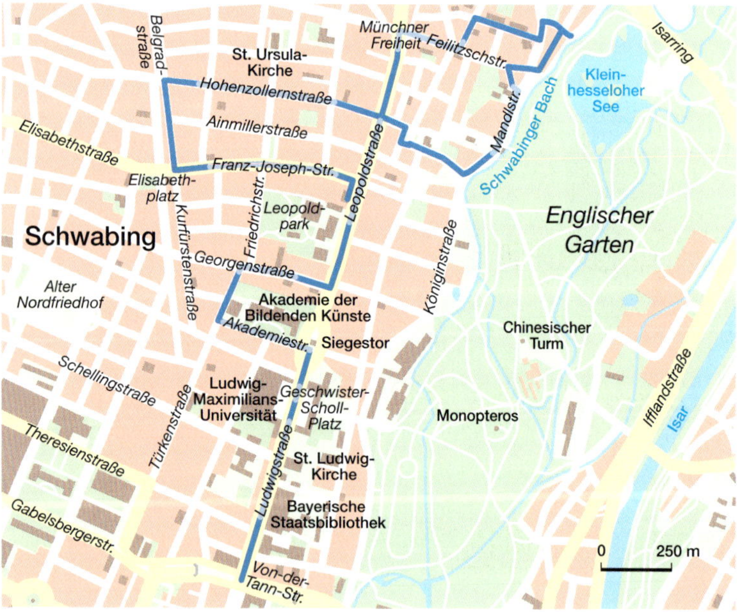

Klenze wechselte zwischen niedriger und höherer Bebauung ab, um den Eindruck eines gewachsenen Viertels zu erwecken. Während Klenze für den südlichen Teil der Straße verantwortlich zeichnete, übergab der Auftraggeber den nördlichen Teil ab 1826 Klenzes Rivalen Friedrich von Gärtner.

Auf Höhe Ludwigstraße 6–10 steht der von Klenze entworfene Haslauer-Block, einer der höheren Bauten. Hinter der 66 Meter langen Fassade waren ehemals drei Wohnhäuser integriert. Im Zweiten Weltkrieg zerstört, wurde die Außenfassade rekonstruiert. Innen befinden sich heute Wohn-, Büro- und Geschäftsräume. Wenige Schritte weiter kommen wir zu einem weiteren Klenzebau – der auf Wunsch von Ludwig I. in Florentiner Renaissance Stil ausgeführt wurde. In dem zwischen 1822 und 1830 entstandenem 77 Meter langen Hauptgebäude an der Ludwigstraße sowie dem an der Schönfeldstraße gebauten offenen Ehrenhof war das Bayerische Kriegsministerium untergebracht. Heute werden in den im Zweiten Weltkrieg zerstörten und später rekonstruierten Gebäuden vom Bayerischen Hauptstaatsarchiv mehr als 3,8 Millionen Archivalieneinheiten aufbewahrt, darunter Urkunden, alte bayerische Karten-

Ludwigstraße

werke und Gerichtsakten. Immer wieder gibt es Ausstellungen mit Höhepunkten aus den Archivkammern zu bayerischer oder deutscher Geschichte.

BAYERISCHES HAUPTSTAATSARCHIV
Schönfeldstraße 5 - 11 · 80539 München
Öffnungszeiten für den Lesesaal:
Mo. - Do. 8.30 - 18.30 Uhr, Fr. 8.30 - 13.30 Uhr

Wenige Schritte weiter kommen wir zu einem der bekanntesten Bauten in der Ludwigstraße, das von Klenzes Rivalen Architekt Friedrich von Gärtner entworfen worden ist. In ihr ist die Bayerische Staatsbibliothek mit ihren mehr als zehn Millionen Druckwerken untergebracht, darunter auch eine der 180 noch existierenden wertvollen Gutenberg-Bibeln. Doch man geht mit der Zeit, mehr als eine Million Bücher können mittlerweile online gelesen werden. Die Ursprünge der in München als „Stabi" bekannten Bibliothek gehen auf die Hofbibliothek der Wittelsbacher zurück. Sie wurde ab 1558 angelegt. Die Bibliothek kann kostenlos genutzt werden. Interessant

Staatsbibliothek

sind auch die wechselnden Sonderausstellungen zu bayerischer und europäischer Geschichte. Außerdem werden restaurierte Werke sowie neu erworbene Editionen gezeigt.

BAYERISCHE STAATSBIBLIOTHEK · Ludwigstraße 16 · 80539 München
Öffnungszeiten der Bibliothek: Information: Mo. - Fr. 9 - 19 Uhr
Allgemeiner Lesesaal: Mo. - So. 8 - 24 Uhr
Zeitschriftenlesesaal: Mo. - Fr. 9 - 20 Uhr, Sa. 10 - 17 Uhr
Öffnungszeiten für Ausstellungen (i.d.R.):
Mo. - Fr. 10 - 19 Uhr, an Feiertagen geschlossen

Ebenfalls ein von Gärtner entworfener Bau ist die Ludwigskirche (St. Ludwig), benannt nach ihrem Auftraggeber Ludwig I. Sie entstand zwischen 1829 und 1844 und prägt mit ihren zwei schlanken weißen Türmen das Universitätsviertel. Im Innern birgt der während des Zweiten Weltkriegs zerstörte und rekonstruierte Bau das zweitgrößte Altarfresko der Welt. „Das Jüngste Gericht" schuf zwischen 1836 und 1839 Peter Cornelius. Ludwig I. war über die Ausführung des Freskos nicht erfreut. Es kam zum Bruch zwischen beiden. Der gebürtige Düsseldorfer Architekt verließ München. Ebenfalls auf Gärtner zurück geht das bunte Dach, das durch die Druckwellen der Bomben während des Kriegs zerstört worden war. Nachdem die Farbgebung Gärtners bei der Rekonstruktion nach dem Zweiten Weltkrieg unberücksichtigt ge-

Ludwigskirche

blieben war, erhielt das Gebäude bei seiner Sanierung um die Jahrtausendwende wieder ein Dach in seiner ursprünglichen Farbgebung. Nicht so schön perfekt sieht es derzeit im Inneren der Kirche aus. In den vergangenen Jahren ist ein aus der Nachkriegszeit stammender Asbestputz von den Kirchenwänden entfernt worden. Sie müssen farblich neu gestaltet werden. Da die von Gärtner konzipierte Farbgebung nicht mehr nachvollziehbar ist, sollen die Wände an die Farben der Fresken angeglichen werden. Gleich neben der Kirche liegt das Café an der Uni, kurz Cadu genannt, mit Freisitz außen auf dem breiten Gehsteig der Prachtstraße und einem lauschigen Innenhof.

CADU – CAFÉ AN DER UNI · Ludwigstraße 24 · 80539 München
Tel.: 089/28986600 · www.cadu.de
Öffnungszeiten: tägl. 9 – 1 Uhr

Wenige Schritte weiter links und rechts der Ludwigstraße erstrecken sich die Gebäude der Ludwig-Maximilians-Universität, kurz LMU. Sie ist mit ihren mehr als 50.000 Studenten, 18 Fakultäten und 150 Studiengängen die zweitgrößte Universität Deutschlands. Ursprünglich 1472 in Ingolstadt gegründet und 1800 von Kurfürst Max IV. Joseph nach Landshut verlegt, holte sie 1826 König Ludwig I. nach München. Seit 1840 ist sie in den von Friedrich von Gärtner entworfenen Gebäuden untergebracht. In ihnen studierten unter anderen die Geschwister Scholl. An sie und ihren Professor Kurt Huber erinnern die gleichnamigen Plätze links vor dem Hauptgebäude der Universität und rechts vor der juristischen Fakultät sowie in den Boden eingelassene Platten mit Flugblättern, Porträtfotos und einem Abschiedsbrief von Willi Graf.

Die Mitglieder der „Weißen Rose“ hatten in insgesamt sechs Flugblättern zum Widerstand gegen das NS-Regime aufgerufen. Als Hans und Sophie Scholl das von ihrem Professor Kurt Huber verfasste sechste Flugblatt in den Lichthof der Universität warfen, wurden sie beobachtet. Beide wurden verhaftet und vier Tage später am 22. Februar 1943 gemeinsam mit ihrem Kommilitonen Christoph Probst hingerichtet. Auch ihr Professor sowie weitere Mitglieder der Weißen Rose wurden noch im selben Jahr hingerichtet. Seit 1997 ist im Lichthof des Hauptgebäudes eine Gedenkstätte für die Widerstandskämpfer der „Weißen Rose" eingerichtet.

Lichthof LMU

DENKSTÄTTE WEISSE ROSE
Öffnungszeiten Gedenkstätte:
Mo. - Fr. 10 - 17 Uhr
Sa. 11.30 - 16.30 Uhr
Geschlossen zwischen Weihnachten und Neujahr, an Sonn- und Feiertagen · Eintritt frei

LMU

Ein weiterer geschichtsträchtiger Ort in der Universität ist die Aula. Der Jugendstilsaal mit 700 Plätzen befindet sich im sogenannten Bestelmeyer-Bau, der Lichthof und Audimax einschließt. Der Saal blieb während des Zweiten Weltkriegs fast unzerstört. In ihm wurde nach dem Krieg die neue bayerische Verfassung beschlossen und der erste gewählte bayerische Nachkriegslandtag konstituiert. Er diente als Konzertsaal für die Münchner Philharmoniker und die ersten Gedenkfeiern für die Mitglieder der Weißen Rose. Auch heute noch finden auf der Bühne vor dem großen Mosaik Lesungen, Konzerte aber auch festliche Veranstaltungen der Universität statt.

Große Aula der LMU

Den Abschluss der Ludwigstraße bildet am nördlichen Ende das Siegestor. Es wurde nach Plänen von Friedrich von Gärtner begonnen und nach dessen Tod von seinem Schüler Eduard Metzger 1850 vollendet. Auftraggeber war wieder Ludwig I. Und das Vorbild stand wie so oft bei Ludwig I. in Italien. Diesmal war es der Konstantinbogen in Rom. Was als Monument für das Bayerische Heer ursprünglich errichtet worden war, ist nach der Zerstörung im Zweiten Weltkrieg und dem Wiederaufbau ein Mahnmal geworden. Daran erinnert die Inschrift unter der Löwenquadriga des dreibogigen Tors: Dem Sieg geweiht – vom Krieg zerstört – zum Frieden mahnend.

Wir biegen vor dem Siegestor links in die Akademiestraße ein. Dort steht auf der rechten Seite (Akademiestraße 2–4) die Akademie der Bildenden Künste München. Die 1808 gegründete Akademie bezog 1886 den von Gottfried von Neureuther geplanten Altbau mit der zweiarmigen Auffahrtsrampe und Freitreppe, den gläsernen Neubau des Wiener Architekturbüros Coop Himmelb(l)au

Akademie der Bildenden Künste

daneben im Jahr 2005. Während der Altbau im Zweiten Weltkrieg schwer beschädigt worden war, konnten die Bestände der bis ins 16. Jahrhundert zurückgehenden Bibliothek sowie die zehn französischen Goblins der Aula gerettet werden. Sie waren ausgelagert und befinden sich heute wieder an ihren Ursprungsorten im Akademiegebäude.

AKADEMIE DER BILDENDEN KÜNSTE
Akademiestraße 2 - 4 · 80799 München · www.adbk.de
Öffnungszeiten Altbau: Mo. - Fr. 7 - 21 Uhr, Sa. 10 - 17 Uhr
Öffnungszeiten Neubau: Mo. - Fr. 7 - 20 Uhr

Wir biegen am Neubau der Akademie der Bildenden Künste rechts in die Türkenstraße, gehen geradeaus bis zum Ende, wo wir auf die Georgenstraße stoßen. Gleich auf der Ecke zur Friedrichstraße treffen wir auf den Georgenhof. In diesem alten Münchner Gasthaus mit einem Biergarten unter Kastanienbäumen gibt es typisch bayerische Küche und den besten Kaiserschmarrn, den wir bislang in München gegessen haben. Ob die Künstler Wassily Kandinsky und Gabriele Münter während ihrer Romanze im Georgenhof sich mit dem Kaiserschmarrn ihr Leben versüßten, wissen wir nicht. Fest steht nur, Kandinsky lernte die gebürtige Berlinerin in München kennen, als sie an der Kunstschule „Phalanx" studierte, an der auch er arbeitete. Der damals noch verheiratete Maler verlobte sich mit seiner Schülerin und lebte jahrelang mit ihr im Wechsel in München und Murnau. 1917 heiratete der Mitbegründer des programmatischen Almanach „Der Blaue Reiter" schließlich eine andere. Münter jedoch bewahrte einen bedeutenden Teil seiner Werke sowie der anderen Künstler des „Blauen Reiter" im Keller des gemeinsamen Hauses in Murnau auf und rettete sie so vor den Nationalsozialisten. Heute ist ein Großteil dieser Werke in der Städtischen Galerie im Lenbachhaus in München zu sehen.

Prachtbauten in der Georgenstraße

GEORGENHOF
Friedrichstraße 1 · 80801 München
Tel.: 089/34077691
www.georgenhof-muenchen.de
Öffnungszeiten: tägl. 10 – 1 Uhr
Biergarten: Mai – Sept. tägl.
10 – 23 Uhr (bei schönem Wetter)

Wir gehen rechts die Georgenstraße entlang. Dort, nur wenige Schritte vom Georgenhof entfernt, im Haus Nr. 16, unterrichtete der Slowene Anton Azbé in den 1890er Jahren in seiner Malschule Wassily Kandinsky in Technik und Farblehre. Wir gehen weiter in Richtung Leopoldstraße. Auf unserem Weg dorthin kommen

Georgenhof

wir an zahlreichen Prachtbauten vorbei. Besonders sehenswert ist das neubarocke Pacelli-Palais in Haus Nr. 8 und die Neurenaissance-Villa von August Thiersch in Haus Nr. 4. Sie ist heute der Sitz des Piper-Verlags.

Wir biegen in die Leopoldstraße und überqueren die Straße, um auf die Seite mit der riesigen weißen Figur, dem „Walking Man" des Künstlers Jonathan Borofsky, zu gelangen. Er steht vor dem Eingang der „Münchener Rück". Auf dem Gelände der Rückversicherung befand sich während und nach dem Zweiten Weltkrieg das Atelier des Architekten Manfred Eickemeyer. Hier trafen sich ab Frühsommer 1942 Hans Scholl und dessen Freunde und formierten den Widerstandskreis der „Weißen Rose". Sie druckten dort ihre Flugblätter, unter anderem auch das sechste, bei dessen Verteilung die Geschwister Hans und Sophie Scholl im Lichthof der Universität erwischt worden waren.

Wir schlendern die Leopoldstraße entlang, der Vergnügungs- und Einkaufsmeile in Schwabing, jenem Stadtteil der Boheme um 1900 und der Hippie- und Studentenbewegung der 1960er Jahre. Künstler

Walking Man

bieten ihre Werke feil, Modegeschäfte locken mit ihren Auslagen, Restaurants und Eiscafés laden zum Verweilen ein, das Treiben auf der Straße zu beobachten. Wir gehen bis zur Münchner Freiheit, biegen rechts in die Feilitzschstraße ein, dann links in die Occamstraße. Dort befindet sich auf der rechten Seite das Lustspielhaus. Mit seinem samtroten Jugendstil-Ambiente gilt es als eine der schönsten Kabarettbühnen Deutschlands.

MÜNCHNER LUSTSPIELHAUS
Occamstraße 8 · 80802 München
Tel.: 089/344974
www.lustspielhaus.de

Gleich um die Ecke rechts in der Haimhauserstraße befindet sich eine weitere Institution in Sachen Kabarett: die „Münchner Lach- und Schießgesellschaft". Dieter Hildebrandt und Sammy Drechsel gründeten sie 1956. Ihr Programm wurde von Fernsehen und Rundfunk übertragen.

MÜNCHNER LACH- UND SCHIESSGESELLSCHAFT
Ursulastraße 9 · 80802 München
Tel.: 089/391997 · www.lachundschiess.de

Von der Lach- und Schießgesellschaft ist es nicht mehr weit bis zum Osterwaldgarten. Wir laufen bis ans Ende der Haimhauserstraße, biegen in die Biedersteinstraße links ein, dann die nächste Straße rechts (Liebergesellstraße) und laufen geradeaus, bis wir in die Ke-

Lustspielhaus

Münchner Lach- und Schießgesellschaft

ferstraße gelangen und dort rechts einbiegen. Das typisch bayerische Gasthaus mit seinem schönen Biergarten mit Kastanienbäumen liegt am Rande des Englischen Gartens.

RESTAURANT OSTERWALDGARTEN
Keferstraße 12 · 80802 München
Tel.: 089/38405040 · www.schwabinger-osterwaldgarten.de
Öffnungszeiten: tägl. 10 – 24 Uhr

Ein Gefühl von Strand und Sonne bei Fleischpflanzerl (Buletten), Pizza oder Kuchen vermittelt uns wenige Schritte weiter Bussis Kiosk. Wir gehen von der Keferstraße über die Biedersteinerstraße hinweg und biegen links in die Gunezrainerstraße.

KIOSK FRÄULEIN MÜLLER · Gunezrainerstraße 6 · 80802 München
Tel.: 089/38832424 · Öffnungszeiten: Mi. - So. 10 – 18 Uhr

Standesamt

Vom Kiosk biegen wir rechts in die Mandlstraße. Dort fällt auf der linken Seite das gelbe Haus mit den weißen Säulen auf. Die neoklassizistische Portikusvilla, die ein adliger russischer Emigrant 1922/23 baute, ist seit den 1950er Jahren Münchens schönstes Standesamt mit Blick auf den Englischen Garten.

Wir biegen nach dem Standesamt rechts in die Maria-Josepha-Straße ein. Gleich rechter Hand ist der Eingang zur Seidlvilla. Das nach seinem Architekten Emanuel von Seidl benannte Wohnhaus gehört der Landeshauptstadt München. Die 1905 im Stil der Renaissance mit Jugendstil-Elementen erbaute Villa ist ein beliebter Veranstaltungsort für klassische Konzerte, Lesungen und Kunstausstellungen. Im ruhigen Gartencafé können wir uns von unserem Spaziergang erholen, bevor wir weiter über den Nikolaiplatz gehen und links in die Nikolaistraße einbiegen. Wir stoßen auf die Leopoldstraße, überqueren diese und laufen geradeaus in die Hohenzollernstraße. Hier kommen Einkaufsfreunde auf ihre Kosten. Kleine Geschäfte bieten Ausgefallenes von Mode bis Nippes an. Am Ende der Hohenzollernstraße biegen wir links in die Kurfürstenstraße und nehmen dort die zweite Straße links, die Franz-Jospeh-Straße. Am Haus Nr. 13 befindet sich eine Gedenktafel für

Hans und Sophie Scholl, die von Dezember 1942 bis zu ihrer Verhaftung im Februar 1943 eine Zwei-Zimmer-Wohnung im Hinterhaus bewohnten. Dort entwarfen sie mit der Widerstandsgruppe „Weiße Rose“ ihre Flugblätter gegen Hitler. Am 18. Februar 1943 brachen sie zum letzten Mal auf, um ihr sechstes Flugblatt in der Universität zu verteilen (siehe Seite 139). Zum Hinterhaus gelangt man nur, wenn die große Toreinfahrt links neben dem Gebäude geöffnet ist. Einer, der sein Wort ebenfalls gegen die Nationalsozialisten erhob, jedoch ins Exil ging, wohnte ebenfalls in der Straße. Im Haus Nr. 2 lebten im dritten Stock Thomas Mann und seine Ehefrau Katia Pringsheim von 1905 bis 1910. Mann schrieb hier seinen Roman „Königliche Hoheit“ und wurde viermal Vater. Als die Wohnung zu klein wurde, zog die Familie in die Mauerkircherstraße 13 und 1914 in ihre eigene Villa in der Poschingerstraße 1. 1933 kehrte der Literaturnobelpreisträger von einer Reise in die Schweiz nicht nach Deutschland zurück, weil ihm Schutzhaft durch die Nationalsozialisten drohte. Von der Schweiz zog der inzwischen ausgebürgerte Mann mit seiner Frau in die USA. Er wurde amerikanischer Staatsbürger und kehrte 1952 gemeinsam mit ihr in die Schweiz zurück.

Seidlvilla

Am Ende der Franz-Joseph-Straße biegen wir rechts in die Leopoldstraße und gelangen dort zur U-Bahn-Haltestelle Giselastraße.

Rückfahrt: Giselastraße · U3, U6

Im Kunstareal

Studenten, Künstler und Museen

Im Kunstareal

Studenten, Künstler und Museen

Studenten, Künstler und Museen, das ist die vitale Mischung der Maxvorstadt, die gerne mit Schwabing verwechselt wird. So verdient das Univiertel ein gutes Stück von dem, was seit 150 Jahren den Ruf Schwabings ausmacht.

Anfahrt: Theresienstraße · U2, U8
Länge: 3,5 km

Es ist nicht zu schaffen, alle Museen auf unserer Tour durch das Kunstareal an einem Tag zu besuchen. Picken Sie sich ein oder zwei Häuser heraus und genießen Sie ansonsten den Spaziergang durch dieses Viertel mit der Mischung aus Hochkultur und Studentenleben. Unsere Tour durch den nördlichen Teil des Kunstareals in der Maxvorstadt beginnen wir an der U-Bahn-Haltestelle Theresienstraße. Wir gehen auf der Theresienstraße entgegen der Einbahnstraße Richtung Pinakotheken. Unser Weg führt uns zum Stammgelände der Technischen Universität München, einer der besten Unis

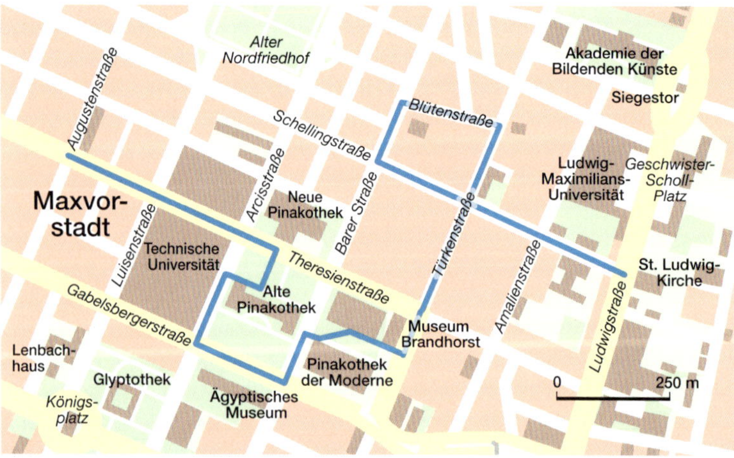

Deutschlands. Die Theresienstraße teilt das Unigelände in eine Nord- und Südhälfte, die durch zwei auffällige Brücken miteinander verbunden sind. Wir laufen unter den Brücken hindurch, überqueren die nächste Kreuzung (Theresienstraße/Arcisstraße) und sind bereits mitten im Kunstareal Münchens.

Das Projekt Kunstareal wurde 2009 vom Freistaat Bayern und der Stadt München ins Leben gerufen, um der außergewöhnlichen Entwicklung der Maxvorstadt als hochkarätigem Standort für Kunst, Kultur und Wissen auch international nachhaltig Anerkennung zu verschaffen. Die insgesamt 16 Museen und Ausstellungshäuser, über 40 Galerien und Kulturinstitutionen sowie sechs Hochschulen engagieren sich seither gemeinsam, um ihr hochkarätiges Angebot bekannter zu machen.

Den südlichen Teil des Kunstareals können Sie bei unserem Spaziergang Maxvorstadt kennenlernen.

Zunächst gehen wir auf der Theresienstraße noch ein Stück geradeaus, dann kommt linker Hand die Neue Pinakothek. Das postmoderne Gebäude des Architekten Alexander Freiherr von Brancas wurde 1981 eröffnet und gilt mit seinen unterschiedlich großen, perfekt ausgeleuchteten Räumen als einer der besten Museumsbauten der Nachkriegszeit. Derzeit wird das Gebäude grundlegend saniert, um modernen Museumsanforderungen gerecht zu werden. Das Museumsgebäude steht an der Stelle des im Krieg schwer beschädigten Vorgängerbaus, der abgerissen werden musste.

Gegründet wurde die Neue Pinakothek von König Ludwig I., der seine seit 1809 zusammengetragene Sammlung zeitgenössischer Kunstwerke der Öffentlichkeit in einer repräsentativen Galerie zugänglich machen wollte. 1853 wurde die von Friedrich Gärtner und August Voit entworfene Neue Pinakothek direkt gegenüber ihrer Schwester-Institution Alte Pinakothek eröffnet. Ludwig I. hatte vor allem Landschafts-, Genre- und Historienbilder gesammelt und legte Wert auf Werke der Deutschen Romantik mit Caspar David Friedrich und der Münchner Schule. Weiter erwarb Ludwig I. Werke der damals beliebten Künstler von Schwind und Spitzweg sowie der Deutschrömer von Marées, Böcklin und Anselm Feuerbach.

Eingang der Neuen Pinakothek (bis 2025 geschlossen)

Heute reicht die Sammlung vom späten 18. Jahrhundert bis ins frühe 20., vom Klassizismus über Romantik und Historismus bis zu Jugendstil und Impressionismus. Glanzstücke sind Werke von Max Liebermann, Lovis Corinth, Edgar Degas, Claude Monet, Édouard Manet und Pierre-Auguste Renoir.

Während der Sanierungsarbeiten, die noch bis 2025 andauern, werden viele der berühmten Gemälde im Erdgeschoss der Alten Pinakothek (Ostflügel) und in der Sammlung Schack, Prinzregentenstraße 9, gezeigt.

NEUE PINAKOTHEK · Barer Straße 29 · 80799 München
Das Museum ist bis 2025 wegen Sanierungsmaßnahmen geschlossen

Also wenden wir uns direkt gegenüber der Alten Pinakothek zu, die bereits auf den modernen Stand der Museumstechnik gebracht wurde und nun wieder vollständig besichtigt werden kann. Der Eingang befindet sich in der Mitte der langgestreckten Nordfassade.

Aglaia (1961-1963) von Toni Stadler

Die Alte Pinakothek zählt zu den bedeutendsten Gemäldegalerien der Welt und präsentiert in 19 Sälen und 47 Kabinetten etwa 700 Meisterwerke aus dem 14. bis 18. Jahrhundert. Grundstock der bedeutenden Sammlung sind Meisterwerke aus dem Besitz Ludwig I. Zu den herausragenden Stücken zählen etwa Albrechts Dürers „Selbstbildnis im Pelzrock“, Rembrandts „Jugendliches Selbstbildnis“ und Albrecht Altdorfers „Alexanderschlacht“. Aber auch Werke von Raffael, Tizian, Botticelli, Rubens und Leonardo da Vinci werden hier gezeigt.

Der Grundstein für die Alte Pinakothek – die damals einfach nur Pinakothek hieß – wurde 1826 gelegt, nach zehn Jahren Bauzeit wurde der damals größte Museumsbau der Welt 1836 eröffnet. Hofarchitekt Leo von Klenze war eine wegweißende Konzeption gelungen. Die Säle und Kabinette waren durch große Oberlichter perfekt ausgeleuchtet. Im Zweiten Weltkrieg wurde die Alte Pinakothek schwer beschädigt, erst 1957 konnte sie nach dem Wiederaufbau

Nordfassade, Alte Pinakothek

durch Hans Döllgast wieder eröffnen. Die ersetzten Fassadenteile blieben durch die bewusste Verwendung von unverputztem Ziegelmauerwerk erkennbar.

Man muss nicht unbedingt ins Museum gehen, um im Café Klenze, dem Museumscafé, eine gemütliche Teestunde zu verbrin-

Seerosen, Nymphéas (um 1915), Claude Monet (1840 – 1926)

gen. Das Café ist wie ein englisches Teahouse eingerichtet und bietet Scones, Kuchen, Sandwiches und mehr.

ALTE PINAKOTHEK
Barer Straße 27
80333 München
Tel.: 089/23805216
www.pinakothek.de
Öffnungszeiten: Mi. - So.
10 - 18 Uhr, Di. 10 - 20 Uhr
Eintritt: ständige Sammlung 7 €
Ermäßigt 5 €, sonntags 1 €
Bis 18 Jahren frei
Freier Zugang zum Café Klenze

CAFÉ KLENZE · Barer Straße 27
80333 München
Tel.: 089/12134980
www.victorianhouse.de
Öffnungszeiten: Di. 10 - 20 Uhr,
Mi. - So. 10 - 18 Uhr

Selbstbildnis im Pelzrock (1500), Albrecht Dürer (1471 - 1528)

Wir verlassen die Alte Pinakothek, wenden uns nach links zur Arcisstraße und laufen vor bis zur Ecke Gabelsbergerstraße, wo wir auf ein imposantes Gebäude des Architekten Peter Böhm treffen. Der Doppelbau für die Hochschule für Fernsehen und Film und das Staatliche Museum Ägyptischer Kunst wurde 2011 fertiggestellt und ergänzt die Pinakothekbauten im Kunstareal.

Das Museum Ägyptische Kunst, das 2013 hier eingezogen ist, hat Böhm unter die Erde gelegt, zu sehen ist von ihm nur eine monumentale Portalwand, die an eine ägyptische Tempelanlage erinnert. Die unterirdischen Ausstellungshallen werden über einen versenkten Innenhof mit Tageslicht beleuchtet. Sie erinnern daran, dass die meisten Exponate aus Tempeln oder Königsgräbern stammen. Auf 1.800 m² werden dem Besucher 5.000 Jahre Kunst und Kultur des alten Ägypten präsentiert.

Das Museum wurde 1970 gegründet und beruht auf der Sammelleidenschaft der Wittelsbacher, die seit dem späten 16. Jahrhundert Aegyptiaca sammelten. Durch zahlreiche Zukäufe der Bayerischen Akademie der Wissenschaften im 19. Jahrhundert und bürgerliche Mäzene im 20. Jahrhundert wuchs die Sammlung zur heutigen Größe.

Die uralten Exponate werden durch moderne Technik ergänzt: Auf interaktiven Touchscreens erhält der Besucher zusätzliche Informationen zu größeren Zusammenhängen und Hintergründen. In den Ausstellungsräumen sind die Ausstellungstücke nicht chronologisch, sondern thematisch angeordnet: „Jenseitsglaube", „Pharao" oder „Kunst und Zeit" sind Räume überschrieben. Die Besucher können die gesamte Entwicklung der ägyptischen Kunst kennenlernen, von der Vorgeschichte über das Alte, Mittlere und Neue Reich bis zur griechisch-römischen Zeit.

Vor dem Museum Ägyptischer Kunst steht eine 3,6 Meter hohe Plastik aus Aluminium des niederländischen Künstlers Henk Visch.

Staatliches Museum Ägyptischer Kunst

Die vornüber gebeugte abstrahierte Figur richtet ihren Blick zur Erde – symbolisiert durch einen roten Strahl – und schaut durch den Boden hindurch in das unter dem Rasen liegende Museum.

STAATLICHES MUSEUM
ÄGYPTISCHER KUNST
Gabelsbergerstr. 35
80333 München
Tel.: 089/28927630
www.smaek.de
Öffnungszeiten: Di. 10 - 20 Uhr
Mi. - So. 10 - 18 Uhr
Eintritt: 7 €, ermäßigt 5 €
Sonntags 1 €, bis 18 Jahre frei

Glaskelch Thutmosis' III.

Blick in den Ausstellungsraum „Jenseitsglaube"

Wir laufen an der Front des Gebäudes der renommierten Hochschule für Fernsehen und Film (HFF) entlang. Der Baukörper besteht aus einem 150 Meter langen, steinernen Sockel und einem daraufliegenden, feingliedrigen Glaskörper. Hier ist erstmals Platz für alle Abteilungen der HFF. Im Jahr 1966 gegründet, musste sie bis zur Errichtung des beeindruckenden Neubaus immer wieder von einem Provisorium ins nächste umziehen. In dem Gebäude sind neben den Verwaltungsräumen, drei Kino-Hörsäle, zwei TV-Studios, zwei Filmstudios und eine komplette Postproduktion sowie die Bibliothek und die Cafeteria untergebracht. Seit 2012 hat die HFF zur Erinnerung an einen ihrer bekanntesten Absolventen die Adresse Bernd-Eichinger-Platz 1.

An der nächsten Kreuzung Gabelsbergerstraße/Barer Straße gehen wir auf die gegenüberliegende Straßenseite und begeben uns zur Pinakothek der Moderne, einem der gelungensten Museumsbauten der letzten Jahre. Das 2002 fertiggestellte Haus wurde vom Architekten Stephan Braunfels entworfen und beherbergt gleich vier Mu-

Hochschule für Fernsehen und Film

seen unter einem Dach: das Architekturmuseum der Technischen Universität München, Die Neue Sammlung – Museum für angewandte Kunst und Design, Die Sammlung Moderne Kunst der Bayerischen Staatsgemäldesammlungen und die Staatliche Graphische Sammlung München. Damit gehört die Pinakothek der Moderne zu den größten Museen für moderne und zeitgenössische Kunst, Architektur und Design in Europa. Die vier Museen teilen sich eine Ausstellungsfläche von 12.000 m² und zeigen eine in ihrer Vielfalt beeindruckende Gesamtschau der Künste des 20. und 21. Jahrhunderts.

Zudem ist schon das Gebäude ein sehenswertes Kunstwerk mit ausgefeilter Beleuchtung und überraschenden Durchblicken. Ausgangspunkt für alle Rundgänge durch die verschiedenen Sammlungen ist die großzügige Rotunde mit ihrer 25 Meter hohen Glaskuppel. Im Obergeschoss findet sich die ständige Ausstellung der Sammlung Moderne Kunst, im Untergeschoss zeigt die Neue Sammlung ihre Exponate. Das Erdgeschoss ist temporären Sonderausstellungen vorbehalten. Hier finden sich auch die Ausstellungsräume des Architekturmuseums und der Graphischen Sammlung.

Die Sammlung Moderne Kunst hat Weltruf und reicht von der klassischen Moderne bis zur Gegenwartskunst. Die Besucher finden hier Werke der wichtigsten Künstler aller Stilrichtungen der modernen Kunst: Expressionismus und Kubismus, Neue Sachlichkeit und Bauhaus, Surrealismus, Abstrakter Expressionismus sowie Pop Art und Minimal Art. 1950 bestand die Sammlung lediglich aus sieben Kunstwerken, seither ist sie durch zahlreiche Schenkungen, Dauerleihgaben und Zukäufe auf ihre heutige Größe und Bedeutung angewachsen.

Die Neue Sammlung – Museum für angewandte Kunst und Design war das erste Designmuseum der Welt und ist bis heute eines der führenden. Die Sammlung wurde seit 1907 zusammengetragen und bildete 1925 den Grundstock für das Staatliche Museum für angewandte Kunst. Mit der Eröffnung der Pinakothek der Moderne im Jahr 2002 konnte das Museum erstmals seit 75 Jahren eine Auswahl seiner Exponate dauerhaft zeigen. Es besitzt mit 80.000 Objekten die größte Sammlung ihrer Art. Der Besucher erhält einen einzigartigen Einblick in die Entwicklung des Designs vom Beginn des 20. Jahrhunderts bis zur Gegenwart.

Das Architekturmuseum der Technischen Universität München ist die größte Spezialsammlung für Architektur in Deutschland. In der Pinakothek der Moderne zeigt das Museum in regelmäßig wechselnden Ausstellungen Beiträge zur Architekturgeschichte, aber auch zu aktuellen Tendenzen.

Die Staatliche Graphische Sammlung München ist mit ihren 400.000 Blättern weltweit eines der bedeutendsten Museen seiner Art. In der Pinakothek der Moderne werden in wechselnden Ausstellungen Ausschnitte aus ihren Beständen gezeigt. Dazu gehören Zeichnungen aus allen Epochen sowie Druckgrafiken vom 15. Jahrhundert bis heute.

Pinakothek der Moderne

PINAKOTHEK DER MODERNE
Barer Straße 40
80333 München
Tel.: 089/23805360
www.pinakothek.de
Öffnungszeiten: Täglich außer
Mo. 10 - 18 Uhr, Do. 10 - 20 Uhr
Eintritt: 10 €, ermäßigt 7 €
Sonntagseintritt 1 €
Bis 18 Jahre frei
Freier Zugang zum Café

Setzkasten, Die Neue Sammlung, Design Museum, Pinakothek der Moderne

Wir verlassen die Pinakothek der Moderne und gehen über die Grünfläche hinüber zum modernen Zweckbau der Fakultät der Mathematik der Ludwig-Maximilians-Universität. Hier ist das Museum Reich der Kristalle untergebracht, die 20.000 Stücke der 100.000 Exponate umfassenden Mineralogischen Staatssammlung zeigt. Diamanten und andere Edelsteine, Quarze, Kristalle und Mineralien sowie eine Meteoriten-Sammlung sind hier zu sehen.

Museum Reich der Kristalle

MUSEUM REICH DER KRISTALLE · Mineralogische Staatssammlung München
Theresienstr. 41
80333 München
Tel.: 089/21804312

www.mineralogische-staatssammlung.de
Öffnungszeiten: Di. – So. & Feiert. 13 – 17 Uhr
Eintritt: 5 €, ermäßigt 3 €, Kinder 1 €

Wir kehren noch einmal auf die große Grünfläche zwischen Pinakothek der Moderne und Museum Reich der Kristalle zurück und wenden uns nach links zum farbenprächtigen Bau des Museums Brandhorst. Wir gehen zunächst zwischen dem Museumsbau und dem Türkentor auf die Türkenstraße. Das Türkentor ist das einzige Überbleibsel der ehemaligen Türkenkaserne, die hier einmal stand. In ihm befindet sich eine Skulptur von Walter De Maria: „Large Red Sphere".

Wir bleiben auf der Türkenstraße und erreichen den Haupteingang des Museums Brandhorst an der nächsten Straßenecke. Das faszinierende Gebäude des Architekten Sauerbruch Hutton wirkt von außen wie ein abstraktes Gemälde. Auf der Außenhaut der Fassade wurden 36.000 Keramikflächen vertikal angebracht, die in 23 verschiedenen Farben glasiert sind. Die Sammlung umfasst über 1.000 Werke bedeutender Künstler des 20. und 21. Jahrhunderts

Museum Brandhorst

Ohne Titel (Rosen), 2008, Cy Twombly (1929 - 2011)

wie etwa Cy Twombly, Andy Warhol, Sigmar Polke, Damien Hirst und Mike Kelley. Im Museum werden auch aktuelle Foto und Videoarbeiten gezeigt.

Ohne Titel, 2001, Cy Twombly (1929 - 2011)

MUSEUM BRANDHORST
Theresienstraße 35a
80333 München
Tel.: 089/238 05 22 86
www.museum-brandhorst.de
Öffnungszeiten: Di. - So.
10 - 18 Uhr, Do. 10 - 20 Uhr
Eintritt: 7 €, ermäßigt 5 €, Sonntagseintritt 1 €
Bis zum vollendeten 18. Lebensjahr frei

Die Türkenstraße führt uns ins Univiertel. Längst sind die Universitäten Münchens mit ihren insgesamt 116.000 Studenten aus dem Viertel herausgewachsen und auf verschiedene Standorte verteilt. Aber das Univiertel mit seinen vielen kleinen Läden, Restaurants, Cafés und Bars, den hübschen Gründerzeithäusern, lauschigen Innenhöfen und Parks ist nach wie vor das Herz des studentischen Lebens in der Stadt. Zwischen den vielen Autos wimmelt es von Fahrrädern und Fußgängern. Doch von den zahlreichen Buchläden und Antiquariaten, die noch vor wenigen Jahren die Straßen im Viertel prägten, sind nur noch wenige übriggeblieben.

Antiquariat in der Türkenstraße

Alter Simpl in der Türkenstraße

Um 1900 wurde das Univiertel von den Künstlern der Schwabinger Boheme gerne besucht. Und viele, die von ihren Abenteuern im verrufenen, sittenlosen Schwabing berichteten, waren tatsächlich im Univiertel unterwegs. Einer der berühmten Künstlertreffpunkte war der Simpl in der Türkenstraße 57. Die Kneipe, die Kathi Kobus 1903 eröffnete, erhielt ihren Namen Simpl in Anlehnung an die legendäre Satirezeitschrift Simplicissimus, deren Autoren gern gesehene Gäste waren. Das Kneipenlogo zierte die bekannte Simplicissimus-Bulldogge, die im Original Ketten sprengt, hier aber eine Sektflasche öffnet. Zu den berühmten Gästen zählten Franz Marc, Olaf Gulbransson, Joachim Ringelnatz, Oskar Maria Graf, Ludwig Thoma, Franziska von Reventlow und viele mehr. Heute heißt die gemütliche Kneipe Alter Simpl. Die dunkle Holzvertäfelung, die alten Bilder an den Wänden und das schummrige Licht zeugen noch von der alten Zeit, inzwischen jedoch sitzen an den langen, die Kommunikation fördernden Tischen zumeist Studenten.

ALTER SIMPL · Türkenstraße 57 · 80799 München
Tel.: 089/2723083 · www.altersimpl.de
Öffnungszeiten: So. - Do. 11 - 3 Uhr, Fr. - Sa. 11 - 4 Uhr

Schräg gegenüber befindet sich der Georg-Elser-Platz mit einem Denkmal für den Hitler-Attentäter, der hier zwei Monate lang vor dem Attentat gelebt hat. Das Denkmal der Künstlerin Silke Wagner befindet sich an der Hauswand der Türkenschule. Jeden Tag leuchtet es um 21.20 Uhr für eine Minute. Es erinnert an den 8. November 1939, als um diese Uhrzeit im Bürgerbräukeller eine Bombe explodierte, die Hitler töten sollte. Wegen einer Verspätung des Diktators blieb er unverletzt. Der Attentäter Georg Elser wurde verhaftet und im Konzentrationslager Dachau am 9. April 1945 erschossen.

Vom Georg-Elser-Platz aus gehen wir noch ein Stück die Türkenstraße entlang, nehmen dann links die Blütenstraße und biegen an ihrem Ende wieder links in die Barer Straße ein. An der nächsten Kreuzung Schelling-/Barer Straße befindet sich der Schelling-Salon. Die Gaststätte wurde 1872 von Familie Mehr gegründet, die sie bis heute führt. 1900 wurde der heutige Schelling-Salon als Wiener-Café-Restauration mit Billardtischen eröffnet. Zu den Gästen, die Berühmtheit erlangten, zählten Bertolt Brecht, Wassili Kandinsky, Rainer Maria Rilke und Ödön von Horvath. Auch heute noch ist die Traditionsgaststätte ein gemütlicher Treffpunkt zum Essen, Trinken – und Billardspielen.

SCHELLINGSALON · Schellingstraße 54 · 80799 München
Tel.: 089/2720788 · www.schelling-salon.de
Öffnungszeiten: Mo. 10 - 0.30 Uhr, Do. - Sa. 10 - 1 Uhr, So. 10 - 24 Uhr

Endpunkt unseres Spaziergangs ist die U-Bahn-Station Universität. Zu ihr gelangen wir über die Schellingstraße, die wir Richtung Ludwigskirche laufen. An der Ecke zur Ludwigstraße befindet sich der Eingang zur U-Bahn.

Rückfahrt: Universität · U3, U6; Bus 58, 68, 153, 154

In der Maxvorstadt

Von den Kapuzinern zum Justizpalast

In der Maxvorstadt

Von den Kapuzinern zum Justizpalast

Kontrastreicher könnte ein Spaziergang nicht sein: auf den Spuren von Kapuzinern, Eliten und der NS-Vergangenheit der Stadt.

Anfahrt: Josephsplatz · U2
Länge: 5 km

Wir beginnen unseren Spaziergang an der Kirche St. Joseph am Josephsplatz. Von außen sieht die Ordenskirche der Kapuziner aus, als hätte sie immer so hier gestanden. Doch auch an ihr gingen die Bomben des Zweiten Weltkriegs nicht vorbei – der Kirchenraum der 1902 geweihten Kirche war 1944 fast komplett zerstört worden. Lediglich der 63 Meter hohe Kirchturm des neobarocken Gotteshauses blieb stehen. Nach dem Zweiten Weltkrieg wurde der Kirchenraum wieder aufgebaut. Er ist 79 Meter lang und 31 Meter breit.

Wir gehen rechts an der Kirche vorbei in die Josephstraße, biegen rechts in die Tengstraße und laufen dort durch den Spielplatz zum Eingang des Alten Nördlichen Friedhofs. Er ist Ruhe- und Rückzugsort zugleich. Wir bummeln einmal quer hindurch, treffen Jogger, lesende Studentinnen, Großeltern mit Kinderwagen, Familien mit Kindern ebenso wie alte Münchner, die ihre Gräber pflegen. Am 5. Oktober 1868 wur-

St. Joseph

de der erste Tote beigesetzt, 1939 der letzte. Der in 16 gleichmäßige Rechtecke gegliederte und von einer Arkadenmauer umgebene Gottesacker umfasste bei der Eröffnung 9.000 Familiengräber und 30 Grüfte in den Arkaden. Heute sind noch rund 800 Grabstätten zu sehen, darunter auch die von Bildhauer Michael Wagmüller. Er schuf sein eigenes Grabmal, dessen Modell 1878 bei der Weltausstellung in Paris für Furore sorgte; der Künstler erhielt das Kreuz der französischen Ehrenlegion. Außer ihm sind dort begraben: Wilhelm Bauer, der Erfinder des ersten U-Boots und Gottfried von Neureuther. Er errichtete die Technische Universität in München, unsere nächste Station auf unserem Spaziergang.

Um dorthin zu gelangen, queren wir den Friedhof, gehen links am großen Kreuz des Bildhauers Halbig in der Mitte des Friedhofs vorbei und auf der gegenüberliegenden Seite hinaus. Wir kommen auf die Adelbertstraße, halten uns rechts, laufen geradeaus, bis wir auf die Theresienstraße kommen. Dort rechts einbiegen. Auf der rechten Seite sehen wir den Stammsitz der Technischen Universität München mit dem Denkmal des Physikers Georg Simon Ohm davor. Wir biegen links in die Luisenstraße ein. Das Eckgebäude mit buntem Gemälde im Eingangsbereich ist die Fakultät für Wirtschaftswissenschaften der TU. Sie ist eine der 15 Fakultäten für die derzeit rund 41.000 Studierenden, darunter 35 Prozent Frauen. Als einzige Technische Universität in Bayern verfügt sie über drei Standorte. Neben dem Hauptgebäude in der Innenstadt gibt es ebenso einen Campus in Garching im Norden der Stadt sowie einen weiteren in Weihenstephan bei Freising.

Die TU ging aus der von König Ludwig II. 1868 gegründeten „Königlich-Bayerischen Polytechnischen Schule zu München" hervor. Stolz blickt sie seitdem auf zahlreiche Erfinder und Nobelpreisträger, darunter die Erfinder des Kühlschranks, des Dieselmotors und des ersten serienmäßigen Strahlflugzeugs.

Wir gehen weiter geradeaus, bis wir die Städtische Galerie im Lenbachhaus auf der rechten Straßenseite sehen. Der Maler Franz von Lenbach ließ die Villa nach Entwürfen des Münchner Architekten Gabriel von Seidl mit Atelierflügel und Wohntrakt zwischen 1887 und 1891 anlegen. Umgeben von einem herrlichen Garten im Stil der italienischen Renaissance wird heute in der Villa und dem

TU München mit Ohm-Denkmal

2013 errichteten Kunstbau die weltweit bedeutenste Sammlung zur Kunst des „Blauen Reiter“ von Franz Marc, Wassily Kandinsky, August Macke, Paul Klee oder Gabriele Münter ausgestellt.

Ursprünglich lag der Schwerpunkt der Sammlung auf Werken der Münchner Malerei aus dem 19. Jahrhundert und deutsche Kunst des frühen 20. Jahrhunderts. Auch diese werden nach wie vor gezeigt, wie auch in der Abteilung „Neue Sachlichkeit“ Werke des Künstlers Joseph Beuys.

STÄDTISCHE GALERIE IM LENBACHHAUS UND KUNSTBAU
Luisenstraße 33 · 80333 München
Tel.: 089/23396933 · www.lenbachhaus.de
Öffnungszeiten: Di. - So. & Feiert. 10 - 20 Uhr
31.12. 10 - 15 Uhr, 24.12. geschlossen
Eintritt: 12 €, ermäßigt 6 €, bis 18 Jahre frei

Vom Museum aus haben wir einen guten Blick auf eine imposante Torhalle. Sie steht im Westen des Königsplatzes, der im Zuge der Stadterweiterung durch Carl von Fischer und Ludwig Sckell konzi-

Lenbachhaus

piert wurde. Zwischen 1815 und 1862 entstanden Torbau, Glyptothek und das Gebäude der heutigen Staatlichen Antikensammlung. Die Gestaltung, wie sie heute zu sehen ist, trägt vornehmlich die Handschrift von Leo von Klenze.

Wir überqueren die Straße und schauen uns zunächst den Torbau genauer an. Mit seinen dorischen Tempelfronten erinnert er an das Athener Tor, das zur Akropolis führt. Die Idee, so ein Tor auch in München zu schaffen, hatte Leo von Klenze bereits 1817. Doch erst ab 1846 konnte er den Bau realisieren. Die mittlere Durchfahrt ist von acht ionischen Säulen umrahmt. Auch die Reliefs in den Giebelfeldern nehmen Bezug zu Griechenland. Von Ludwig von Schwanthaler geschaffen, ist im Westen die „Verherrlichung des griechischen Befreiungskampfs“ und im Osten die „Huldigung vor König Otto von Griechenland“ zu sehen. Wir gehen durch das Mitteltor hindurch und werfen einen Blick nach oben auf die farbige Kassettendecke.

Auf der anderen Seite des Torbogens liegt vor uns ein riesiger Platz. Heute begrünt, ließen ihn die Nationalsozialisten 1935 mit 20.000 Granitplatten „pflastern“, um ihn als Aufmarschplatz zu

Torhaus Königsplatz

nutzen. Bereits 1933 hatten sie auf dem Platz Bücher unliebsamer Schriftsteller verbrannt. Heutzutage wird der Platz für ein riesiges Sommerspektakel genutzt: Kino unter freiem Himmel vor romantischer Kulisse, umrahmt von den Gebäuden der Staatlichen Antikensammlung und der Glyptothek.

Auch die Glyptothek (links, wenn wir mit dem Rücken zur Torhalle stehen) ist im Sommer Schauplatz für Freilichtaufführungen. Dort werden seit 1990 Theaterstücke im Innenhof aufgeführt. Die Besucher sitzen an kleinen Tischchen und können sich Getränke und Leckereien bestellen.

THEATERSPIELE GLYPTOTHEK IM INNENHOF
Königsplatz 3 · 80333 München · www.theaterspieleglyptothek.de
Spielzeiten: Juli bis September
Kartenvorbestellung unter Tel.: 089/5230446
2020 im Innenhof der Staatl. Antikensammlung
Ab 2021 wieder im Innenhof der Glyptothek

Normalerweise aber gilt die Glyptothek einem anderen Zweck. Sie ist das weltweit einzige Museum, das ausschließlich antike Skulpturen zeigt. Zurück gehen der Bau und der Hauptteil der Skulpturen auf Ludwig I. Von Leo von Klenze entworfen, wurde der Bau 1830 als erstes öffentliches Museum Münchens eröffnet. Die Idee dahinter: Ludwig I. wollte München zu einem Zentrum der Künste machen, zu einem „Isar-Athen" und bestückte seine Kunstsammlungen – es sollten weitere folgen – nur mit Exponaten von höchster Qualität. In den ursprünglich mit farbigen Fresken verzierten Räumen stehen griechische und römische Marmorstatuen frei im Raum und werden durch große bodentiefe Fenster mit Tageslicht beschienen. Heutzutage ist das Museum nicht nur bei Antikenbegeisterten beliebt. Kaum kommen die ersten Sonnenstrahlen heraus, nutzen Studierende und andere Erholungssuchende Ballustraden und Treppenstufen des hellen Baus, um dort eine Pause einzulegen.

Staatliche Antikensammlung

GLYPTOTHEK · Königsplatz 3 · 80333 München
Tel.: 089/286100 · www.antike-am-koenigsplatz.mwn.de
Öffnungszeiten: Di., Mi., Fr. – So. & Feiert. 10 – 17 Uhr, Do. 10 – 20 Uhr
Eintritt: 6 €, ermäßigt 4 €, sonntags 1 €
Wegen Sanierung bis Herbst 2020 geschlossen

Gegenüber der Glyptothek ist die Staatliche Antikensammlung. Der Tempelbau im korinthischen Stil geht wie die Glyptothek auf König Ludwig I. zurück. Er wurde von Georg Friedrich Ziebland errichtet und diente bis 1869 für Kunst- und Gewerbeausstellungen. 1848 eröffnet, wurde der Bau wie die Glyptothek während des Zweiten Weltkriegs stark beschädigt und wieder aufgebaut. Seit 1967 ist die Staatliche Antikensammlung dort untergebracht. Sie umfasst Exponate griechischer, etruskischer und römischer Kleinkunst vom dritten Jahrtausend vor Christus bis zum 400 nach Christus.

STAATLICHE ANTIKENSAMMLUNG
Königsplatz 1 · 80333 München
Tel.: 089/59988830 · www.antike-am-koenigsplatz.mwn.de

Hochschule für Musik und Theater München

Öffnungszeiten: Di. - So. & Feiert. 10 – 17 Uhr, Mi. 10 – 20 Uhr
Eintritt: 6 €, ermäßigt 4 €, sonntags 1 €

Wir gehen geradeaus über den Königsplatz, kommen in die Brienner Sraße, wo an der Ecke zur Arcisstraße seit 1998 die Hochschule für Musik und Theater München untergebracht ist. In dem Gebäude, dem sogenannten „Führerbau", einem Musterbau der NS-Architektur, unterzeichneten 1938 Adolf Hitler, Benito Mussolini, Arthur Neville Chamberlain und der französische Premierminister Edouard Daladier das Münchner Abkommen. Es wurde darin die Abtretung des Sudentenlandes vereinbart. Frankreich und Großbritannien garantieren den Fortbestand der restlichen Tschechoslowakei. Der Brite Chamberlain glaubte, damit den Frieden gesichert zu haben.

Auf der anderen Straßenseite, in der Katharina-von-Bora-Straße 10, der ehemaligen Meiserstraße, befand sich der Verwaltungsbau der NSDAP. Heute ist dort das Münchner Haus der Kulturinstitute mit dem Sitz der Staatlichen Graphischen Sammlung.

Wir gehen auf der Brienner Straße geradeaus weiter und kommen zum 2015 eröffneten NS-Dokumentationszentrum. Es steht auf

Obelisk Karolinenplatz

dem Gelände des sogenannten „Braunen Hauses“, der ersten eigenen Parteizentrale der Nationalsozialistischen Deutschen Arbeiterpartei (NSDAP).

NS-DOKUMENTATIONSZENTRUM MÜNCHEN
Max-Mannheimer-Platz 1 · 80333 München
Tel.: 089/23367000 · www.ns-dokuzentrum-muenchen.de
Öffnungszeiten: Di. – So. 10 – 19 Uhr
Eintritt: 5 €, ermäßigt 2,50 €, bis 18 Jahre frei

Geradeaus weiter gehen wir auf den Karolinenplatz zu. Auf dem nach der Bayerischen Königin Karoline benannten Platz steht ein schwarzer Obelisk. Ludwig I. ließ ihn 1833 errichten, um an die bayerischen Soldaten zu erinnern, die während Napoleons Russlandfeldzug 1812 gefallen waren.

Wir laufen einmal links herum um den Platz, kommen an der Börse München vorbei, die seit 2009 in der ehemaligen Villa des Porzellanfabrikanten Viktor Hutschenreuther ihren Sitz hat. Vor dem Amerikahaus, das 1957 errichtet und derzeit renoviert wird, biegen wir links in die Barer Straße ein, dann rechts in die Karlstraße, links in die Katharina-von-Bora-Straße und gehen geradeaus auf das ehemaligen Parkcafé zu, in dem sich heute ein bayerisches Wirtshaus befindet. Rechts davon geht es in den Alten Botanischen Garten. Vor mehr als 200 Jahren eröffnet, ist er in der Form eines lateinischen D angelegt. Wir gehen durch den Garten hindurch auf der anderen Seite hinaus und biegen links in die Elisenstraße. Dort stoßen wir auf der Rückseite auf ein imposantes Gebäude – den Justizpalast. In dem Gründerzeitbau im neobarocken Stil mit seiner großen Glaskuppel wurden 1943 die Prozesse gegen die Mitglieder der Weißen Rose geführt. Mehr darüber in einer Dauerausstellung im Gebäude, Eingang Prielmayerstraße.

Eingangsportal Alter Botanischer Garten

Justizpalast

JUSTIZPALAST · Prielmayerstraße 7
80335 München · Saal 253
Tel.: 089/55972087
www.justiz.bayern.de/ministerium/weisse-rose-saal/
Öffnungszeiten:
Mo. – Do. 9 – 15 Uhr, Fr. 9 – 14 Uhr
Eintritt frei

Rückfahrt: Karlsplatz · U4, U5; Tram 16 – 18, 27 und alle S-Bahnen

Rundherum im Glockenbachviertel

Münchens Szeneviertel voller Charme

Rundherum im Glockenbachviertel

Münchens Szeneviertel voller Charme

Künstler, Studenten und die Homoszene haben Glockenbach- und Gärtnerplatzviertel seit Jahrzehnten geprägt. Die Gegend hat nach wie vor ihren Charme, auch wenn kleine Läden stylischen Designergeschäften und die alten Boazen angesagten Clubs gewichen sind. Heute zählt das Viertel zu den teuersten Wohngebieten Münchens.

Anfahrt: Sendlinger Tor · U1 – 3, U6, U7; Bus 52, 62; Tram 16 – 18, 27, 28
Länge: 4,7 km

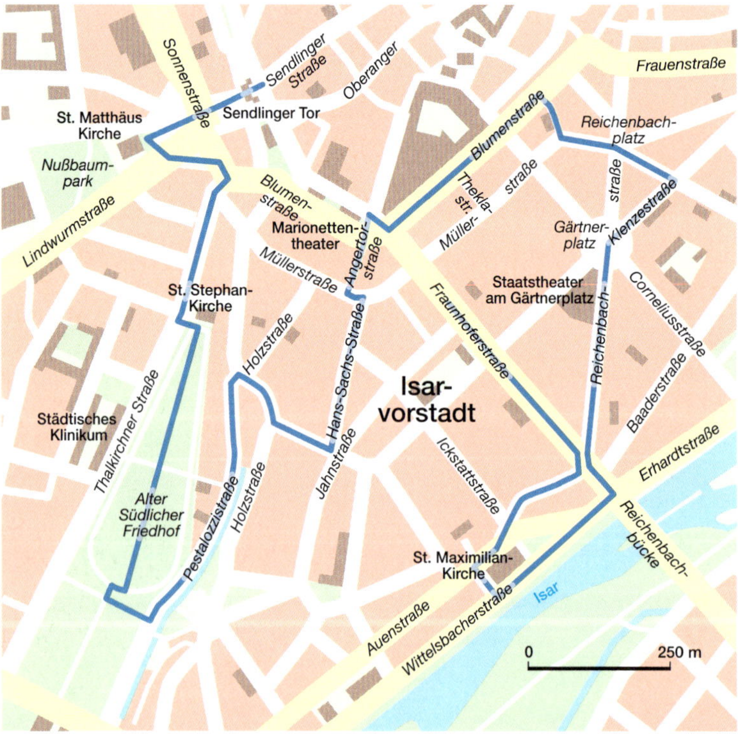

Unsere Tour durch die Isarvorstadt mit Glockenbach- und Gärtnerplatzviertel startet am Sendlinger Tor. Es ist eines der drei erhaltenen historischen Stadttore und wurde zwischen 1285 und 1337 im Zuge der großen Stadterweiterung durch König Ludwig den Bayern errichtet. Die beiden Seitentürme wurden 1420 beim Ausbau der Stadtbefestigung hinzugefügt. Das Sendlinger Tor grenzt die Altstadt vom Stadtbezirk Ludwigvorstadt-Isarvorstadt ab. Die Lindwurmstraße, eine der Hauptverkehrsadern in den Süden der Stadt, trennt die beiden ehemals selbstständigen Stadtbezirke.

Noch Anfang des 19. Jahrhunderts war die Isarvorstadt dünn besiedelt. Ab 1860 wurde der Stadtbezirk planmäßig erschlossen und gründerzeitlich bebaut. Er entwickelte sich zum „Kleine-Leute-Viertel" mit einem großen Anteil an Arbeitern, mit vielen Handwerksbetrieben, Bordellen und Lokalen. Hier ließen sich auch viele Juden und Homosexuelle nieder. Während der Weimarer Republik begann hier die NSDAP ihren Aufstieg. In der Nazizeit wurden die ansässigen Juden und Homosexuellen verfolgt und ermordet. Nach dem Zweiten Weltkrieg erholte sich der Stadtteil und entwickelte eine reiche Szenekultur mit zahlreichen Straßenfesten und Kunstaktionen, einer regen

Sendlinger Tor

schwul-lesbischen Bewegung, vielen Galerien, Kunsthandwerkläden und Designershops sowie Szenelokalen und Clubs.

Doch zurück zum Sendlinger Tor, das heute einer der wichtigsten Knotenpunkte des öffentlichen Personennahverkehrs der Stadt ist und noch bis 2022 zum „Zukunftsbahnhof" umgebaut wird. Auf dem Sendlinger-Tor-Platz, der immer stark frequentiert ist und mit seinen Cafés Menschen zum Verweilen einlädt, wurde 2002 ein Aids-Memorial von Wolfgang Tillmans errichtet. Die blaue Säule erinnert an die seit 1981 an Aids verstorbenen Menschen – in München sind mindestens 1.600 Aids-Tote verzeichnet. Am Platz findet sich eines der schönsten Kinos Münchens, das 1913 eröffnete Filmtheater Sendlinger Tor. Wie früher sind die Filmplakate handgemalt. Im Inneren ist das historische Ambiente liebevoll erhalten, modernste Technik sorgt jedoch für zeitgemäßen Kinogenuss.

FILMTHEATER SENDLINGER TOR
Sendlinger-Tor-Platz 11 · 80336 München
Tel.: 089/554636 · www.filmtheatersendlingertor.de

Aids-Memorial

Auf der Südseite des Platzes, jenseits der großen Brunnenanlage mit fünf Fontänen, steht St. Matthäus. Der heutige Bau wurde 1957 geweiht, sein Vorgänger aus dem Jahr 1833 war die älteste evangelische Kirche Münchens. Im 51 Meter hohen Turm befindet sich mit sechs Glocken eines der bedeutendsten Großgeläute der evangelischen Kirche in Bayern.

Wir überqueren die Lindwurmstraße und biegen an der Ostseite des Sendlinger-Tor-Platzes in die Thalkirchner Straße mit ihren Szenekneipen ein. Wenige Meter weiter findet in der Weihnachtszeit am Stephansplatz die „Pink Christmas“ statt, der Weihnachtsmarkt der Homoszene. Die hübsche Barockkirche St. Stephan, die dem Platz den Namen gibt, ist die ehemalige Friedhofskirche des Südfriedhofs. Sie wurde von Georg Zwerger 1674 bis 1677 erbaut und vor ein paar Jahren mit dem gesamten Friedhof renoviert.

Wir betreten den Südfriedhof, auf dem zwischen 1788 und 1886 zahlreiche Münchner Prominente beerdigt wurden, von der Nordseite aus. Rechts am Eingang finden sich Orientierungstafeln und eine Liste der Gräber bedeutender Persönlichkeiten. Darunter sind die Maler Carl Spitzweg und Wilhelm von Kaulbach, die Architekten Leo von Klenze, Friedrich von Gärtner und Georg von Hauberrisser. Er organisiert 1810 ein Pferderennen auf der Theresienwiese und gilt damit als Begründer des Oktoberfests. Das Ehepaar Joseph Pschorr und Maria Theresia Hacker, die Hacker-Pschorr zur führenden Münchner Großbrauerei machten, kann man hier ebenfalls besuchen. Der Alte Südfriedhof wird seit 1944 nicht mehr als

Evangelische Kirche St. Matthäus

St. Stephan

Alter Südfriedhof

Friedhof genutzt. Das ganze Areal mit seinen mächtigen alten Bäumen steht heute unter Denkmalschutz und wird von Spaziergängern und Ruhesuchenden gerne besucht.

Wir verlassen den Alten Südfriedhof an der Südseite, wenden uns nach links zur Pestalozzistraße und gehen hinunter zum Westermühlbach, einem der zahlreichen Bäche, die durch die Isarvorstadt fließen. Die meisten von ihnen sind jedoch unter der Erde kanalisiert und nicht sichtbar. Wir schlendern am Westermühlbach entlang, bis wir wieder hoch zur Pestalozzistraße müssen. Hier sehen wir, wie der Bach in die Häuser eintritt – unterirdisch zweigt kurz hinter dieser Stelle der Glockenbach ab, der dem Viertel den Namen gab. Beide Bäche fließen unter den Straßen weiter.

Die Pestalozzistraße führt uns zum Holzplatz, wo sich schicke Cafés und Bars niedergelassen haben, die einen Besuch lohnen, wie etwa das Café Tabula rasa mit köstlichem selbstgemachten Kuchen.

TABULA RASA · Holzstraße 18 · 80469 München
Tel.: 0151/25258924 · www.cafetabularasa.de
Öffnungszeiten: Mo. – Fr. 8 – 22 Uhr, Sa. & So.9 – 20 Uhr

Nach rechts geht es die Holzstraße hinunter zur Westermühlstraße. An der Ecke zur Hans-Sachs-Straße befindet sich das Faun, ein schickes originales Jugendstil-Restaurant mit moderner Küche. Wir biegen in die Hans-Sachs-Straße mit ihren kleinen Läden, Restaurants und Bars ab. Auf der rechten Seite an der Kreuzung zur Ickstattstraße befindet sich das Arena Filmtheater aus dem Jahr 1912, das mit seinem anspruchsvollen Filmkunst-Programm seinesgleichen sucht.

FAUN · Hans-Sachs-Straße 17 · 80469 München
Tel.: 089/263798 · www.faun.mycosmos.biz
Öffnungszeiten: Di. – Sa. 10 – 1 Uhr, So. & Mo. 10 – 24 Uhr

ARENA FILMTHEATER · Hans-Sachs-Str. 7 · 80469 München
Tel.: 089/2603265 · www.arena-kino.de

Westermühlbach

In der Hans-Sachs-Straße hat übrigens einst Freddy Mercury, der Queen-Sänger, eine Zeit lang gewohnt. In den Szenebars der Gegend, besonders in der Müllerstraße, dem ehemalgien Rotlichtviertel der Nachkriegszeit, war der Popstar in den 1980er Jahren regelmäßig anzutreffen. Heute ist die Müllerstraße eine Partymeile mit häufig wechselnden Bars, Clubs und Szenelokalen.

Städtisches Hochhaus

Wir überqueren die Müllerstraße, halten uns links und nehmen die Angertorstraße, um zum Städtischen Hochhaus in der Blumenstraße zu gelangen. Es ist 45,5 Meter hoch und das erste Hochhaus Münchens. In dem vom Architekten Hermann Leitenstorfer 1929 errichteten roten Ziegelgebäude kann man den letzten Paternosteraufzug Münchens benutzen.

Münchner Marionettentheater

In der Blumenstraße 32, gerade gegenüber, residiert das Münchner Marionettentheater. Seine feste Spielstätte bezog es 1900 im extra errichteten klassizistischen Gebäude. Gegründet wurde es 1858 von Josef Leonhard Schmid, kurz „Papa Schmid“, nach dem die kleine Papa-Schmid-Straße hier an der Ecke zur Blumenstraße benannt wurde. Das Marionettentheater spielt heute die Klassiker für Kinder, bietet aber auch ein Programm für Erwachsene.

MÜNCHNER MARIONETTENTHEATER
Blumenstraße 32 · 80331 München
Tel.: 089/265712 · www.muema-theater.de
Öffnungszeiten: Mi. – So. 15 Uhr Kinder, 20 Uhr Erwachsene
Eintritt Nachmittagsvorstellung: Erwachsene 10 €, Kinder 9 €
Abendvorstellung: Erwachsene 20 €, Kinder 10 €
Ermäßigung nachmittags 1 €, abends 2 €

Wir gehen die Blumenstraße weiter hinunter. An der Ecke zur Theklastraße können wir einen Blick auf das ehemalige Heizkraftwerk in der Müllerstraße erhaschen, das nach umfassendem Umbau The Seven heißt und einige der teuersten Wohnungen Münchens bietet. An derselben Stelle stand bis 1944 das Luitpold-Gymnasium, das der Nobelpreisträger Albert Einstein von 1888 bis 1894 besuchte – übrigens mit guten Leistungen! Wir laufen die Blumenstraße bis zur Schrannenhalle mit ihrem italienischen Feinkostangebot vor

Teamtheater und Buena Vista

und biegen in die Straße Am Einlass ein. In einer ehemaligen Tankstelle finden wir das Privattheater Teamtheater, das hier seit über 30 Jahren sein Domizil hat. Im Vorraum befindet sich die beliebte kubanische Bar Buena Vista – eine ideale Kombination, aber auch einzeln zu genießen.

TEAMTHEATER TANKSTELLE · Am Einlass 2 · 80469 München
Tel.: 089/2604333 · www.teamtheater.de

BUENA VISTA · Am Einlass 2 A · 80469 München
Tel.: 089/26022811 · www.buena-vista-bar.de
Öffnungszeiten: So., Di. – Do. 18 – 1 Uhr, Fr. & Sa. 18 – 3.30 Uhr

Deutsche Eiche

Ein kleines Stück weiter in der Rumfordstraße 2 befindet sich die Paradiso Tanzbar, die ganz auf den Stil der 1980er Jahre setzt. Damals war an selber Stelle die Travestie-Bar Old Mrs. Henderson, in der Freddy Mercury das Video zu seinem Hit „Living on My Own“ bei seiner Geburtstagsfeier drehen ließ. Auch Mick Jagger und David Bowie waren hier zu Gast.

PARADISO TANZBAR
Rumfordstraße 2
80469 München
Tel.: 089/26 34 69
www.paradiso-tanzbar.de
Öffnungszeiten:
Fr. – Sa. 22 – 5 Uhr

Wir folgen der Rumfordstraße bis zum Reichenbachplatz. Rechts in der Reichenbachstraße wohnte in den 1970er Jahren Rainer Werner Fassbinder, der das Gasthaus Deutsche Eiche direkt gegenüber zu seinem zweiten Wohnzimmer machte. Das traditionsreiche Schwulenlokal ist noch heute ein beliebter Szenetreff.

DEUTSCHE EICHE · Reichenbachstraße 13 · 80469 München
Tel.: 089/2311660 · www.deutsche-eiche.de
Öffnungszeiten: 7 – 1 Uhr, Frühstück 7 – 11 Uhr

Wir biegen jedoch nicht in die Reichenbachstraße ab, sondern gehen ein Eck weiter zur Buttermelcherstraße. Im Haus Nummer 10 ist das Herz-Jesu-Kloster der Niederbronner Schwestern untergebracht. Die Ordensfrauen verteilen hier täglich belegte Brote und Semmeln an bis zu 130 Bedürftige. Die wohltätigen Schwestern betreiben hier auch ein Mädchenwohnheim für Berufsschülerinnen und einen Kindergarten.

Nun nehmen wir die Klenzestraße, um weiter zum Gärtnerplatz zu kommen, der 1860 als Mittelpunkt des Stadtteils so angelegt

Gärtnerplatz

Kiosk Reichenbachbrücke

wurde, dass von ihm aus sternförmig sechs schnurgerade Straßen die Umgebung erschließen. Hier eröffnete 1865 das Gärtnerplatztheater, das heutige Staatstheater am Gärtnerplatz. Es ist eines der beiden Opernhäuser Münchens. Das spätklassizistische Theater wurde 2016/17 grundlegend saniert und ist nun den Anforderungen eines modernen Opernhauses gewachsen.

STAATSTHEATER AM GÄRTNERPLATZ
Gärtnerplatz 3 · 80469 München · www.gaertnerplatztheater.de
Kartentelefon: 089/21851960

Der Gärtnerplatz selbst zählt mit seinem italienischen Flair, seinen Cafés, dem Brunnen und der üppigen Blumenpracht in der Mitte zu einem der schönsten Plätze Münchens und als Mittelpunkt des Szenelebens der Stadt. Früher Treffpunkt der Schwulen- und Lesbenszene sind hier heute auch die Alternativ- und die Clubszene daheim.

Nach einer kleinen Pause verlassen wir den Gärtnerplatz durch die Reichenbachstraße Richtung Isar. Unser Weg führt vorbei an Designerläden, Modegeschäften, Cafés und Bars und an der ehemaligen Synagoge in der Reichenbachstraße 27. Sie war die Münchner Hauptsynagoge, bis die neue Synagoge am St.-Jakobs-Platz 2006 eingeweiht wurde. Heute steht sie unter Denkmalschutz und wird restauriert.

An der Fraunhoferstraße gehen wir vor bis zur Reichenbachbrücke, wo gerade mit den Glockenbachsuiten weitere Luxuswohnungen entstanden sind. Direkt gegenüber ist das Kiosk an der Reichbachbrücke, das 23 Stunden pro Tag offen hat und ein Szenetreff des feierfreudigen Volks ist. Hier findet man auch noch spät nachts Gin, Tonic und Eis – oder was man sonst so braucht.

KIOSK REICHENBACHBRÜCKE
Fraunhoferstraße 46 · 80469 München
Tel.: 089/2015297 · www.kiosk-muenchen.de

Wir machen noch einen Schlenker zur Kirche St. Maximilian, der ersten Pfarrkirche der Isarvorstadt, zwischen Auenstraße und Wittelsbacherstraße. Das von Heinrich von Schmidt im neuromanischen Stil erbaute katholische Gotteshaus wurde 1908 eingeweiht. Im Zweiten Weltkrieg schwer beschädigt, wurde die Kirche 1949 wieder ohne ihre ursprünglichen Turmhelme wieder aufgebaut.

Wir kehren zurück zur Fraunhoferstraße und nehmen einen Cocktail in der Rooftop-Bar The Flushing Meadows im gleichnamigen Hotel. Ein echter Tipp, nicht nur wegen der tollen Aussicht. Wer dagegen ein uriges bayerisches Gasthaus besuchen möchte, der sollte ins Fraunhofer gehen. Haus und Einrichtung sind noch wie vor über 100 Jahren und stehen unter Denkmalschutz. Das Essen ist gut und bayerisch. Im Hinterhaus gibt es das Fraunhofer-Theater, in dem Kabarett-Geschichte geschrieben wurde. Hier hatten etwa Bruno Jonas und Django Asül ihre ersten Auftritte. Und im Keller zeigt das Werkstattkino Filme entgegen des Mainstreams.

THE FLUSHING MEADOWS · Fraunhoferstraße 32 · 80469 München
Tel.: 089/55 27 91 70 · www.flushingmeadowshotel.com
Öffnungszeiten: tägl. 17 – 2 Uhr, Terrasse bis 22 Uhr

WIRTSHAUS IM FRAUNHOFER
Fraunhoferstraße 9 · 80469 München · Tel.: 089/26 64 60
www.fraunhoferwirtshaus.de · Öffnungszeiten: tägl. 17.30 – 1 Uhr
Reservierung Theater: Tel.: 089/267850

Rückfahrt: Fraunhoferstraße · U1, U2, U7; Bus 132; Tram 18

Prachtstraßen und Beschaulichkeit

Vom Lehel bis nach Bogenhausen

Prachtstraßen und Beschaulichkeit

Vom Lehel bis nach Bogenhausen

Zwei der schönsten Prachtstraßen Münchens beginnen im Stadtteil Lehel und führen über die Isar: die Maximilianstraße und die Prinzregentenstraße. Hier finden wir bedeutende Museen, beschauliche Plätze und beeindruckende Durchblicke. Und die beliebten Stadtteile Lehel und Bogenhausen lernen wir ebenfalls kennen.

Anfahrt: Max-Weber-Platz · U4, U5; Bus 155;
Tram 15 – 19, 21, 25, 38
Länge: 5,4 km

Vom Max-Weber-Platz in Haidhausen nehmen wir die Max-Planck-Straße und gehen zunächst bis zur Rückseite des Maximili-

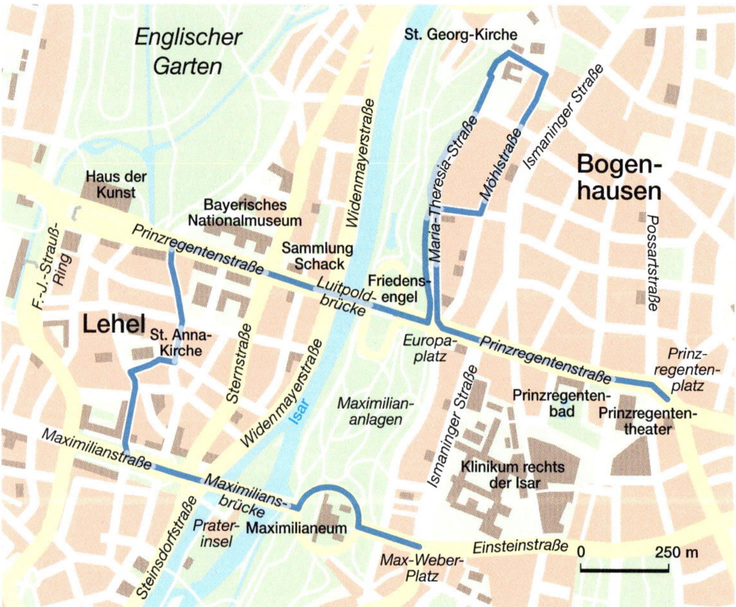

Maximilianeum

aneums und dann unter großen alten Bäumen abwärts um das imposante Gebäude herum. Unten überqueren wir die Straße und gehen am Springbrunnen vorbei den Ringweg nach oben zum Haupteingang. Von hier aus hat man einen herrlichen Blick über die Stadt und die Maximilianstraße, eine der schönsten Prachtstraßen Münchens.

Das Maximilianeum beherbergt seit 1949 den Bayerischen Landtag. Besucher, die der Arbeit der Volksvertreter beiwohnen wollen, können an den öffentlichen Plenar- und Ausschusssitzungen teilnehmen. Für die Plenarsitzungen ist eine Online-Anmeldung erforderlich, die Ausschusssitzungen kann man spontan besuchen, wenn noch Platz ist.

BAYERISCHER LANDTAG · Maximilianeum · Max-Planck-Straße 1
81675 München · Referat Öffentlichkeitsarbeit: Besuche im Landtag
Tel.: 089/41262705 · www.bayern.landtag.de

Der Landtag ist im Maximilianeum nur Mieter der gleichnamigen Studienstiftung. Sie wurde 1852 von König Maximilian II. gegründet und fördert bis heute besonders hochbegabte Studenten aus Bayern und der bis 1945 bayerischen Pfalz. Seit 1980 werden auch Studentinnen aufgenommen. Die Anforderungen sind hoch, neben einem 1,0-Abitur müssen die Bewerber verschiedene Prüfungen bestehen. Pro Jahr werden nur sechs bis acht neue Stipendiaten aufgenommen. Die etwa 50 Stipendiaten wohnen in der Regel in unmittelbarer Nachbarschaft zum Landtag. Berühmte Maximilianeer sind etwa Werner Heisenberg, Carl Amery und Franz Josef Strauß.

Das Gebäude wurde nach 17 Jahren Bauzeit 1874 fertiggestellt und von der Stiftung und ihren Zöglingen bezogen. Das Maximilianeum war im sogenannten Maximilianstil geplant, einem auf der Neugotik fußenden Historismus, der dem Geschmack König Maximilian II. entsprach. Der König änderte die Planung jedoch kurz vor seinem Tod 1864, da die Kritik an dem von ihm so geliebten Stil immer lauter wurde. Er ließ die typischen Spitzbogenarkaden durch Rundbögen im Stil der beliebteren Neurenaissance ersetzen und die Lisenen durch Säulen- und Pilasterordnungen.

Das Maximilianeum war als repräsentative Akropole (Stadtburg) und Höhepunkt der vom König und seinem Hofarchitekten Fried-

Maximilianstraße mit Maximilianeum

Maximilianstraße

rich Bürklein geplanten neuen Prachtstraße nach Vorbild der Pariser Champs-Élysée gedacht. Maximilian wollte München nicht nur schöner, sondern zu einem führenden Zentrum von Wissenschaft und Kunst machen.

Bürklin entwarf die etwa 1.200 Meter lange Maximilianstraße in West-Ost-Richtung. Die Prachtstraße, die größtenteils im Maximilianstil gehalten wurde, verbindet den klassizistischen Max-Josephs-Platz über ein Forum im Stil eines römischen Circus, eine Isarbrücke und die Akropole mit dem Stadtteil Haidhausen. Aus der dicht bebauten Altstadt führt sie ins Grüne – zumindest wecken die Maximiliananlagen am östlichen Isarufer diesen Eindruck. Die Maximilianstraße gilt als einzigartig und ist eines der bedeutendsten architektonischen Ensembles des 19. Jahrhunderts.

Wir gehen wieder herunter zur Straße und überqueren die Isar auf der Maximiliansbrücke. Sie besteht aus zwei aufeinanderfolgenden Brücken mit der Praterinsel dazwischen. Entworfen wurde sie von Stadtbaurat Arnold Zenetti. 1863 wurde sie nach sieben Jahren Bauzeit eingeweiht. Aus Geldmangel ließ die Stadt sie mit 13 Metern Breite deutlich schmaler als die Maximilianstraße bauen. Wegen steigendem Verkehrsaufkommen wurde die Brücke von 1903 bis 1905 ausgebaut. Der östliche Brückenteil wurde neu errichtet, der westliche konnte verbreitert werden.

Unser Spaziergang führt weiter die Maximilianstraße entlang zum Maxmonument des Bildhauers Caspar von Zumbusch. Es zeigt den König im Krönungsornat, ihm zu Füßen sitzen die Herrschertugenden Frieden, Weisheit, Gerechtigkeit und Stärke. Das bedeutende Denkmal steht in der Mittelachse des großzügigen Forums und ist auch Mittelpunkt einer Nord-Süd-Achse, der Thierschstraße.

Die Maximilianstraße war als Ort des bürgerlichen Lebens konzipiert, mit Geschäften, Wohnungen, Hotels, Restaurants und Cafés im schmalen westlichen Teil. Der breite östliche Teil mit dem Forum war öffentlichen Bauten vorbehalten. 1856 bis 1864 entstand an der Nordseite des Forums das beherrschende Gebäude der Regierung von Oberbayern. Es zeigt deutlich die typischen Spitzbögen, die für die gesamte Straße prägend sind. An der Südseite entstand zwischen 1859 und 1865 das fast ebenso große Gebäude des Bayerischen Nationalmuseums. Heute nutzt das Museum Fünf Kontinente das Haus, während das Nationalmuseum in der Prinzregentenstraße residiert.

Regierung von Oberbayern

Museum Fünf Kontinente

Das Museum Fünf Kontinente, früher Staatliches Museum für Völkerkunde, wurde als erstes ethnologisches Museum in Deutschland 1862 von Maximilian II. gegründet. Grundlage war die Sammlung der Wittelsbacher. Aktuell beherbergt das Museum 160.000 Objekte zu Kultur und Alltagsleben außereuropäischer Völker. Hinzu kommen über 100.000 Bücher und 135.000 Fotos. Verschiedene ständige Ausstellungen und wechselnde Sonderausstellungen machen den Besuch zu einem Erlebnis.

MUSEUM FÜNF KONTINENTE · Staatliche Museen in Bayern
Maximilianstraße 42 · 80538 München · Tel.: 089/210136100
www.museum-fuenf-kontinente.de
Öffnungszeiten: Di. – So. 9.30 – 17.30 Uhr
Eintritt ständige Ausstellung: 5 €, ermäßigt 4 €, sonntags 1 €
Bis zum vollendeten 18. Lebensjahr frei

Im selben Gebäude, links vom Haupteingang, finden wir die Galerie der Künstler. Sie zeigt regelmäßig Arbeiten junger Künstler in den Ausstellungsreihen „Debütanten“, „Die Ersten Jahre der Professionalität“ und „Bayerischer Kunstförderpreis“.

Galerie der Künstler

GALERIE DER KÜNSTLER
Berufsverband Bildender Künstler München und Oberbayern e.V.
Maximilianstraße 42
80538 München
Tel.: 089/220463
www.bbk-muc-obb.de
Öffnungszeiten:
Mi. – So. 11 – 18 Uhr
Do. 11 – 20 Uhr · Eintritt: 3 €
Ermäßigt 1,50 €

Nach der stark befahrenen Maximilianstraße gehen wir zu einem malerischen Platz im Zentrum des Stadtteils Lehel, dem St.-Anna-Platz. Dazu nehmen wir den Durchgang zur St.-Anna-Straße an der rechten Seite des Gebäudes der Regierung von Oberbayern.

Nach wenigen Schritten sind wir in einer beschaulichen Straße mit kleinen Cafés und Restaurants, die uns zum St.-Anna-Platz

Durchgang im Gebäude der Regierung von Oberbayern zur St.-Anna-Straße

Pfarrkirche St. Anna

führt. Die Bebauung ist im späten 19. Jahrhundert entstanden und steht als Ensemble unter Denkmalschutz. Die Pfarrkirche St. Anna gilt als eines der besten Beispiele des Historismus in München. Sie wurde 1887 bis 1892 nach Plänen von Gabriel von Seidls erbaut. Der große Schalenbrunnen trägt zum malerischen Gesamteindruck wesentlich bei. Ebenfalls sehenswert ist die Klosterkirche St. Anna, die erste Rokoko-Kirche Altbayerns aus dem Jahr 1733. Die Häuserzeile an der Südseite des Platzes ist geschlossen erhalten. Eine Gedenktafel am Haus St.-Anna-Platz 2 erinnert an den Schriftsteller Lion Feuchtwanger, der hier aufwuchs.

Brunnenfigur

Wir verlassen den Platz an der Ostseite und biegen nach links in die Triftstraße ab, die bald darauf zur Wagmüllerstraße wird. Schließlich gelangen wir zur Prinzregentenstraße, die Prinzregent Luitpold als städtebauliche Entwicklungsachse von West nach Ost über die Isar und weiter in ein neues Quartier zwischen Bogenhausen und Haidhausen ab 1891 bauen ließ. Luitpold wählt wie sein Bruder Maximilian die Form einer Prachtstraße. Zwischen Prinz-Carl-Palais und Isar ließ Luitpold eine künstlerische Verbindung zwischen Stadt und Fluss schaffen, die eine Abfolge malerischer Plätze darstellte und bis zum Neubau des Bayerischen Nationalmuseums nur an der Südseite bebaut war. Nachhaltig gestört wird der Gesamteindruck heute durch Großprojekte aus den 1930er Jahren, dem Haus der Kunst und dem Gebäude des heutigen Wirtschaftsministeriums. Die Umgestaltung der Prinzregentenstraße zur Verkehrsachse ohne erkennbare Plätze und Foren lassen den früheren Gesamteindruck nur erahnen.

Zurück zu unserem Spaziergang. Wir überqueren die Prinzregentenstraße und gelangen zum westlichen Ende des Bayerischen Nationalmuseums, das der Architekt Gabriel Seidl 1894 bis 1900 im Stil des Historismus als weitläufige Gruppe von Gebäuden errichtete. Er mischte Elemente aus Romanik, Gotik, Barock und Renaissance.

Sammlung Bollert

Bayerisches Nationalmuseum

Der westlichste Teil, das sogenannten Studiengebäude, beherbergt die Sammlung Bollert mit über 100 Holzskulpturen und Bildwerke aus Spätgotik und Renaissance. Sie ist Teil des Bayerischen Nationalmuseums, dessen Haupteingang sich im turmartigen Mitteltrakt ein ganzes Stück weiter Richtung Isar befindet.

Gegründet wurde das bedeutende kunst- und kulturhistorische Museum 1855 von König Maximilian II. Er brachte den Kunstbesitz der Wittelsbacher als Grundstock des Sammlungsbestandes ein. Heute präsentiert das Museum Exponate aus 2000 Jahren europäischer Geschichte und Kultur, angefangen bei regionaler und europäischer Malerei, über Skulpturen, Elfenbein- und Goldschmiedearbeiten, bis zu Bildteppichen, Möbeln, Waffen und Porzellan.

BAYERISCHES NATIONALMUSEUM
Prinzregentenstraße 3 · 80538 München · Tel.: 089/2112401
www.bayerisches-nationalmuseum.de
Öffnungszeiten: Di. – So. 10 – 17 Uhr, Do. bis 20 Uhr

Sammlung Bollert: Do. - So. 10 - 17 Uhr
Eintritt: Museum, Studioausstellung & Sammlung Bollert: 7 €
Ermäßigt 6 €, sonntags 1 €, bis zum vollendeten 18. Lebensjahr frei

An der nächsten Straßenkreuzung finden wir links die Sammlung Schack, ein Teil der Bayerischen Staatsgemäldesammlung. Sie entstand aus der Kunstsammlung von Graf Adolf Friedrich von Schack, der als Mäzen in München wirkte. Bis heute ist seine berühmte Sammlung aus etwa 180 Gemälden deutscher Künstler des 19. Jahrhunderts unverändert. Zu sehen sind Werke etwa von Carl Spitzweg, Arnold Böcklin, Moritz von Schwind oder Anselm Feuerbach. Hinzu kommen Bilder aus der Neuen Pinakothek, die während der Sanierung hier gezeigt werden.

SAMMLUNG SCHACK · Prinzregentenstraße 9 · 80538 München
www.pinakothek.de/besuch/sammlung-schack
Öffnungszeiten: Mi. - So. 10 - 18 Uhr, 1. & 3. Mi. im Monat 10 - 20 Uhr
Eintritt: 4 €, ermäßigt 3 €, sonntags 1 €, bis 18 Jahre frei

Sammlung Schack

Prinzregentenstraße

Weiter geht es auf der Prinzregentenstraße Richtung Isar, die wir auf der Luitpoldbrücke überqueren. Ursprünglich war sie 1891 als eine Stahlkonstruktion errichtet worden. Doch das verheerende Hochwasser von 1899 ließ sie einstürzen. 1901 wurde an derselben Stelle die heute noch bestehende Bogenbrücke aus Stein gebaut. Die Uferbauwerke werden von vier Steinskulpturen geschmückt, die die bayerischen Landesteile symbolisieren: Altbayern, Schwaben, Franken und Pfalz. Letzterer gehört heute nicht mehr zu Bayern.

Auf dem östlichen Isarufer nähern wir uns der Luitpoldterrasse mit dem Friedensengel, die den westlichen Teil der Prinzregentenstraße abschließt. Die monumentale Treppenanlage mit Brunnen wurde 1891 vollendet. Über die Freitreppe gelangen wir auf die Aussichtsterrasse, über die man die Prinzregentenstraße stadteinwärts überblickt.

Das Friedensdenkmal zum Gedenken an das Ende des Deutsch-Französischen Kriegs 1870/71 wurde 1896 bis 1899 aufgestellt. Den Unterbau bildet ein griechischer Tempel mit Mosaiken. Darauf steht eine 23 Meter hohe korinthische Säule mit der sechs Meter hohen

Friedensdenkmal

vergoldeten Engelsfigur – eines der Wahrzeichen Münchens. Vorbild ist die griechische Göttin Nike.

Von der Säulenhalle des Tempels können wir bereits den weiteren Verlauf der Prinzregentenstraße bis zum Prinzregentenplatz sehen. Doch zunächst machen wir einen kleinen Abstecher nach Bogenhausen. Dazu gehen wir zunächst zum Europaplatz und dann nach links in die Maximiliansanlagen hinein, dem südlichsten Teil des Englischen Gartens. Wir nehmen den Wilhelm-Hausenstein-Weg, der oben am Isar-Hochufer entlangführt und schlendern unter herrlichen alten Bäumen vorbei an weiten Liegewiesen zum schönen Bogenhausener Friedhof mit der katholischen Kirche St. Georg aus dem 15. Jahrhundert. Auf dem kleinen Gottesacker liegen zahlreiche Münche-

Englischer Garten Südteil, Maximiliansanlagen

ner Prominente begraben, darunter Liesl Karlstadt, Oskar Maria Graf, Erich Kästner, Helmut Fischer, Walter Sedlmayr, Rainer Werner Fassbinder und Bernd Eichinger.

Für den Rückweg nehmen wir die Möhlstraße vorbei an vornehmen Villen im Stil des Historismus und des Jugendstils. An der Siebertstraße biegen wir rechts ab und dann wieder links in die Maria-Theresia-Straße. Die Villa an dieser Ecke beherbergt die Monacensia, das Literaturarchiv der Münchner Stadtbibliothek. Die Sammlung vereint rund 250 literarische Nachlässe mit zahlreichen Originalmanuskripten und Autografen von Künstlern, die in München und Bayern gelebt haben. Darunter sind die Nachlässe von Klaus und Erika Mann, Oscar Maria Graf, Frank Wedekind, Carl Amery, Ludwig Thoma und Ludwig Ganghofer. Zu den 350.000 Archivalien kommen 30.000 Fotos und eine riesige, 130.000 Bände umfassende Spezialbibliothek zum Thema München.

Grab von Liesl Karlstadt

Am Europaplatz wenden wir uns nach links wieder in die Prinzregentenstraße und gehen weiter zur Villa Stuck. Der Malerfürst Franz von Stuck hatte seine Jugendstilvilla selbst entworfen und 1898 errichten las-

St. Georg in Bogenhausen

sen. Für sein fantasievolles Künstlerparadies scheute er keinen Aufwand. Jedes Detail entwickelte er selbst. Stucks Möbel erhielten bei der Weltausstellung 1900 in Paris sogar eine Goldmedaille. 1915 fügte er ein Ateliergebäude hinzu. Hinter der traumhaften Villa ließ er einen zauberhaften Künstlergarten mit ausgesuchten Skulpturen anlegen. Seit 1992 ist die Villa im Besitz der Stadt. In den an sich schon sehenswerten historischen Räumen, die als Gesamtkunstwerk betrachtet werden, werden Werke Stucks aber auch anderer Künstler des 19. Jahrhunderts gezeigt. Hinzu kommen wechselnde Ausstellungen zeitgenössischer Kunst. Das hübsche Museumscafé im Eingangsbereich zwischen Villa und Ateliergebäude ist frei zugänglich. Im Garten bei Kaffee und Kuchen zu sitzen, ist ein ganz besonderes Erlebnis.

MUSEUM VILLA STUCK · Prinzregentenstraße 60 · 81675 München
Tel.: 089/4555510 · www.villastuck.de
Öffnungszeiten: Di. – So. 11 – 18 Uhr, 1. Fr. im Monat bis 22 Uhr
Eintritt gesamtes Haus: 9 €, ermäßigt 4,50 €
Historische Räume: 4 €, ermäßigt 2 €, bis 18 Jahre frei
Museumscafé frei zugänglich

Museum Villa Stuck

Auf dem Weg zum Prinzregentenplatz passieren wir den Laden von Feinkost Käfer, die Zentrale des Gourmet-Imperiums. In noblem Ambiente bemühen sich kompetente Experten und freundliches Personal, jeden kulinarischen Wunsch zu erfüllen. Wer hier einkauft, bekommt Fisch, Fleisch, Käse, Wurst, Wein und was man sich sonst noch vorstellen kann in Spitzenqualität und zahlt dafür auch etwas mehr. Im angeschlossenen Bistro lässt sich vorzüglich speisen.

Feinkost Käfer

FEINKOST KÄFER · Prinzregentenstraße 73 · 81675 München
Tel.: 089/4168310 · Bistro Tel.: 089/4168261
www.feinkost-kaefer.de
Öffnungszeiten: Mo. - Do. 9.30 - 20 Uhr
Fr. 8 - 20 Uhr, Sa. 8.30 - 16 Uhr

Am Prinzregentenplatz erwartet uns ein Jugendstilensemble. Der Platz ist extra so angelegt, dass er die Prinzregentenstraße optisch

Prinzregententheater

unterbricht, ein bürgerliches Mietshaus ist scheinbar ihr Endpunkt. Die Fortsetzung der Straße ist leicht nach Süden versetzt. Das Prinzregententheater wurde nach dem Vorbild des Richard-Wagner-Festspielhauses in Bayreuth 1900 bis 1901 als freistehender Theaterbau von Max Littmann errichtet. Im Zweiten Weltkrieg nur leicht beschädigt, war es bis 1963 Spielstätte der Bayerischen Staatsoper. Anschließend wurde es wegen Baufälligkeit geschlossen. Erst 1988 wurde es nach einer Teilsanierung wiedereröffnet und dient bis 1992 dem Bayerischen Staatsschauspiel als Spielstätte. 1995 begann eine umfassende Sanierung mit Wiederherstellung des Zustands von 1901. Zudem erhielt es eine Studiobühne und das Akademietheater auf der Rückseite des Gebäudes. Seit 1996 ist das Prinzregententheater wieder eine der großen Bühnen Münchens. Auf dem Spielplan stehen Klassische Musik, Opern und Tanztheater. Bespielt wird das Theater von der Bayerischen Staatsoper, dem Staatstheater am Gärtnerplatz sowie der Theaterakademie von August Everding. Hier finden zudem regelmäßig Veranstaltung wie der Bayerische Filmpreis, der Bayerische Fernsehpreis und die Verleihung des Literaturpreises Corine statt.

PRINZREGENTENTHEATER · Prinzregentenplatz 12 · 81675 München
Tel.: 089/218502 · www.theaterakademie.de

Rückfahrt: Prinzregentenplatz · U4; Bus 54, 58, 68, 100

Service

Adressen und Angebote

Wichtige Informationen für einen Aufenthalt in München und Unterstützung bei Gruppenreservierungen oder Gästeführervermittlungen gibt es bei der Touristeninformation. Veranstaltungstipps rund ums Jahr finden Sie im überall ausliegenden, 14-täglich erscheinenden kostenlosen Veranstaltungsmagazin „in münchen" oder online auf www.muenchen.de/veranstaltungen, www.events.in-muenchen.de.

TOURISTENINFORMATION AM HAUPTBAHNHOF
Luisenstraße 1 · 80333 München
Öffnungszeiten: Mo. – Sa. 9 – 20 Uhr, So. & Feiert. 10 – 18 Uhr
26.12. 10 – 18 Uhr, 24./31.12. 10 – 14 Uhr, 25.12. & 01.01. geschlossen

TOURISTENINFORMATION IM RATHAUS
Marienplatz 8, 80331 München · Tel.: 089/23396500
tourismus.gs@muenchen.de
Öffnungszeiten: Mo. – Fr. 9.30 – 19.30 Uhr, Sa. 10 – 17 Uhr
So. & Feiert. sowie 24./31.12. 10 – 14 Uhr
25.12. & 01.01. geschlossen

TOURISMUSAMT MÜNCHEN · Sendlinger Straße 1
80331 München · Tel: 089/23396500 · tourismus@münchen.de

Öffentliche Verkehrsmittel

München verfügt mit dem Münchner Verkehrs- und Tarifverbund (MVV) über ein gutes Netz aus Bussen, Tram-, S- und U-Bahnen. Rechnen lohnt sich: Unter Umständen ist eine Wochenkarte am günstigsten. An einigen U-Bahn-Stationen gibt es Infopoints für Fahrplan-, Tarifauskünfte und Infomaterial.

Für Touristen gibt es die CityTourCard als Tages- oder Vier-Tageskarte. Sie umfasst die Nutzung aller MVV-Verkehrsmittel im ausgewählten Geltungsbereich sowie Rabatte für über 70 touristische Attraktionen in München und Umgebung. Erhältlich ist sie als Single- oder als Gruppenkarte für bis zu fünf Personen.

Servicestellen und Informationen: www.mvv-muenchen.de

MVG Kundencenter: Hauptbahnhof oder Marienplatz, jeweils im Zwischengeschoss der S- und U-Bahn-Station
Gebührenfreie Servicenummer: 0800/344226600
Mo. - Fr. 8 - 20 Uhr, Sa. 9 - 16 Uhr

S-Bahn Kundencenter: Hauptbahnhof, Zwischengeschoss
Ausgang Arnulfstraße · Mo. - Fr. 7 - 20 Uhr, Sa., So. & Feiert. 9 - 18 Uhr

S-Bahn Kundencenter: Ostbahnhof, DB-Reisezentrum
Mo. - Fr. 7 - 20 Uhr, Sa. 8 - 18 Uhr, So. 8 - 13 & 14 - 18 Uhr
Tel.: 089/20355000

Ausflugsziele

Es gibt zahlreiche Sehenswürdigkeiten in München, für die man sich ruhig einen Tag Zeit lassen kann. Wir haben die fünf schönsten für Sie ausgewählt.

Schloss Nymphenburg

Schloss Nymphenburg ist eines der schönsten Schlösser Europas und liegt im Westen der Stadt. Die fantastische Gartenanlage mit kleinen Parkburgen und die dortigen Museen sind leicht zu erreichen und immer einen Ausflug wert. Besucher können eine Gesamtkarte für alle Gebäude kaufen oder das Schloss, die Burgen und Museen jeweils einzeln besuchen.

Schloss Nymphenburg 1 · 80638 München
Tel.: 089/179080 · www.schloss-nymphenburg.de

Anfahrt: Bus 51; Tram 17

Olympiagelände

Der ganzjährig zugängliche Olympiapark, der für die Olympischen Spiele 1972 angelegt wurde, ist eine der Attraktionen Münchens. Das spektakuläre Stadion, die Halle, der Olympiaturm mit seiner herrlichen Aussicht und die 850.000 Quadratmeter große Parklandschaft locken jährlich Tausende Besucher an. Hinzu kommen zahlreiche Events, Konzerte und Sportveranstaltungen. Das Sea Life mit 4.500 Tieren erhöht die Attraktivität des Areals zusätzlich.

Spiridon-Louis-Ring 21 · 80809 München
Tel.: 089/30670 · www.olympiapark.de
Tickets für alle Veranstaltungen im Olympiapark unter:
www.muenchenticket.de · Tel.: 089/54818181

SEA LIFE · Willi-Daume-Platz 1 · 80809 München
Tel.: 01806/66690101 · www.visitsealife.com/munchen

Anfahrt: Olympiazentrum · U3, U8; Bus 173, 180
Olympiapark West · Tram 20, 21 / Petuelring · U3, U8; Tram 27;
Bus 173, 177, 178 / Spiridon-Louis-Ring: Bus 144

BMW Welt

Ganz in der Nähe vom Olympiapark befindet sich die BMW Welt mit Museum. Für Technikfans ein Muss! Die Kombination aus Wechselausstellungen zur Geschichte der Bayerischen Motoren Werke und zahlreichen Veranstaltungen ist einzigartig.

BMW WELT UND MUSEUM · Am Olympiapark 1 · 80809 München
Tel.: 089/125016001 · www.bmw-welt.com

Anfahrt: Olympiazentrum · U3, U8; Bus 173, 180
Olympiapark West · Tram 20, 21
Petuelring · U3, U8; Tram 27; Bus 173, 177, 178

Tierpark Hellabrunn

Der erste Geo-Zoo der Welt lockt seit 1911 Tierfreunde an. 2015 wurden zwei Millionen Besucher registriert. 750 Tierarten können hier ohne Zäune in artgerechter Haltung beobachtet werden.

TIERPARK HELLABRUNN · Tierparkstraße 30 · 81543 München
Tel.: 089/625080 · www.hellabrunn.de

Anfahrt: Flamingo-Eingang, Alemannenstraße · Bus 52
Isar-Eingang, Thalkirchen · U3; Bus 135

Bavaria Filmstudios

Knapp außerhalb Münchens liegt eines der größten Filmstudios Europas. Hier wurden unter anderem „Das Boot" und „Die unendliche Geschichte" gedreht. Besucher können die Sets vieler Produktionen betreten und die Ausstellung „Bavaria Film – eine Zeitreise durch 100 bewegte Jahre" besuchen.

BAVARIA FILMSTADT · Bavariafilmplatz 7 · 82031 Grünwald
Tel.: 089/64992000 · www.filmstadt.de

Anfahrt: Bavariafilmplatz · Tram 25

Biergärten

Biergärten gehören zur Münchner Lebensart wie Weißwürste und Leberkas. In allen Biergärten dürfen eigene Speisen zum Verzehr mitgebracht werden – was die Münchner ausgiebig tun. Aber natürlich bieten Biergärten immer genug zum Essen an. Hier eine kleine Auswahl schöner Biergärten.

KÖNIGLICHER HIRSCHGARTEN · Hirschgarten 1 · 80639 München
Tel.: 089/17999119 · www.hirschgarten.de
Öffnungszeiten: Mo. – So. 11.30 – 24 Uhr
Anfahrt: Romanplatz · Bus 51, 151; Tram 12, 16, 17 / Laim · S1 – 4, S6, S8

Biergarten am Kleinhesseloher See

BIERGARTEN VIKTUALIENMARKT
Viktualienmarkt 9 · 80331 München
Tel.: 089/297545 · www.biergarten-viktualienmarkt.com
Öffnungszeiten: Mo. – Sa. 9 – 22 Uhr, So. bei schönem Wetter
Anfahrt: Marienplatz · S1 – 4, S6 – 8; U3, U6; Bus 62

AUGUSTINER-KELLER · Arnulfstraße 52 · 80335 München
Tel.: 089/594393 · www.augustinerkeller.de
Öffnungszeiten: tägl. 11 – 24 Uhr
Anfahrt: Hauptbahnhof & Hackerbrücke · S1 – 8
Hauptbahnhof · U1, U2, U4, U5 / Hopfenstraße · Tram 16, 17

ZUM AUMEISTER · Sondermeierstraße 1 · 80939 München
Tel.: 089/18931420 · www.aumeister.de
Öffnungszeiten: bei schönem Wetter tägl. 10 – 22 Uhr
Anfahrt: Studentenstadt · U6

Obazda

HIRSCHAU MÜNCHEN · Gyßlingstraße 15 · 80805 München
Tel.: 089/36090490 · www.hirschau-muenchen.de
Öffnungszeiten: bei schönem Wetter Mo. – Fr. 11.30 – 23 Uhr
Sa. & So. 10 – 23 Uhr
Anfahrt: Dietlindenstraße · U6 / Osterwaldstraße · Bus 59

LÖWENBRÄUKELLER · Nymphenburger Straße 2 · 80335 München
Tel.: 089/54726690 · www.loewenbraeukeller.de
Öffnungszeiten: tägl. 10 – 24 Uhr
Anfahrt: Stiglmaierplatz · U1, U7; Tram 20 – 22

ZUM FLAUCHER · Isarauen 8 · 81379 München
Tel.: 089/7232677 · www.zumflaucher.de
Öffnungszeiten: bei schönem Wetter Mo. – Sa. 12 – 23.30 Uhr
So. & Feiert. 11 – 23.30 Uhr
Anfahrt: Brudermühlstraße · U3 / Schäftlarnstraße · Bus 54

Einkaufsstraßen

Münchens berühmteste und teuerste Einkaufsstraße ist die Maximiliansstraße. Dort sind die internationalen Modelabels vertreten. Die am höchsten frequentierte Einkaufsstraße mit Angeboten für jeden Geldbeutel ist die Kaufinger Straße. Wer kleinere Geschäfte mag, sollte im Stadtteil Schwabing die Hohenzollernstraße oder die Franz-Josef-Strauß-Straße entlangschlendern oder durch die Reichenbachstraße im Glockenbachviertel gehen. Einen Blick hineinwerfen können Sie auch in die Geschäfte der ehemaligen Bayerischen Hoflieferanten, an denen Sie auf Ihren verschiedenen Spaziergängen vorbeikommen.

Oktoberfest

Das Münchner Oktoberfest, die Wiesn, ist das größte Volksfest der Welt mit über sechs Millionen Besuchern. Es findet seit 1810 auf der Theresienwiese statt und dauert rund zwei Wochen, von Mitte September bis zum ersten Oktoberwochenende.

Zur Wiesn sollte man nicht mit dem Auto fahren, denn einen Parkplatz zu bekommen, ist aussichtslos. Besser geht es mit Bussen, U- und S-Bahnen. Der Bierausschank beginnt wochentags um 10 Uhr und endet um 22.30 Uhr, samstags, sonntags und an Feiertagen dauert er von 9 bis 22.30 Uhr. Die Zelte schließen um 23.30 Uhr. Nur die „Käfer Wiesn-Schänke“ und das „Weinzelt“ haben bis 1 Uhr offen.

Tische in den Bierzelten lassen sich bei den Betreibern reservieren. Sie sind allerdings meist schon lange im Voraus ausgebucht und die wenigen freien Plätze, auch im Außenbereich, werden ab dem späten Nachmittag knapp. Wichtig: Man bekommt nur ein Bier, wenn man auch einen Sitzplatz hat.

Literaturverzeichnis

Leo-von-Klenze-Pfad
Herausgeber
Landeshauptstadt München
Referat für Stadtplanung
und Bauordnung
3. unveränderte Auflage
Januar 2013

ThemenGeschichtsPfad
Orte des Erinnerns
und Gedenkens
Nationalsozialismus
in München
Landeshauptstadt München
Kulturreferat/
NS-Dokumentationszentrum
Burgstraße 4, 80331 München
2. Auflage 2012

KulturGeschichtsPfad
Schwabing-Freimann
Landeshauptstadt München
Kulturreferat
Direktorium
2. Auflage 2009

KulturGeschichtsPfad 5
Au Haidhausen
Landeshauptstadt München
Kulturreferat
Direktorium
3. Auflage 2009

KulturGeschichtsPfad 3
Maxvorstadt
Landeshauptstadt München
Kulturreferat
Direktorium
2. Auflage 2013

KulturGeschichtsPfad 2
Ludwigsvorstadt
Landeshauptstadt München
Kulturreferat
Direktorium
3. Auflage 2013

KulturGeschichtsPfad 13
Bogenhausen
Landeshauptstadt München
Kulturreferat
Direktorium
2. Auflagc 2015

www.muenchen.de -
Das offizielle Stadtportal

Kunst & Kultur
Stadtführer und Handbuch
Josef H. Biller, Hans-Peter Rasp
Südwest Verlag München
6. Auflage 2001
ISBN 3-517-07565-5

Biergarten-Radelbuch Oberbayern
2. neue bearbeitete Auflage 2002
1998 Stöppel Verlag,
Weilheim
ISBN 3-89306-089-8

Franz, Schiermeier, Münchner
Stadtbäche: Reiseführer zu den
Lebensadern einer Stadt, 1 München
2010

Bildnachweis

- Eigentümer Bayerische Verwaltung der staatlichen Schlösser, Gärten und Seen: S. 50/51, 53, 54, 55, 57, 64, 66, 67, 122/123, 127, 128, 129, 130, 131, 215
- Wikimedia Commons, GFreihalter: S. 80
- Bayerische Staatsgemäldesammlungen, Neue Pinakothek München: S. 154
- Bayerische Staatsgemäldesammlungen, Alte Pinakothek: S. 154, 155
- Staatliches Museum Ägyptischer Kunst, Marianne Franke: S. 157
- Pinakothek der Moderne: S. 161
- Cy Twombly Foundation: S. 163

Alle anderen Fotos: Marion Brucker, Thomas Horsmann

Die Autoren

Marion Brucker, studierte Germanistin und Politikwissenschaftlerin, schreibt seit über 25 Jahren als Redakteurin und Autorin für Tageszeitungen, Magazine und Fernsehsender. An München schätzt sie die einzigartige Verbindung von Kultur, Lebensart und Natur.

Thomas Horsmann (M. A., Germanistik, Philosophie und Geschichte) kennt Marion Brucker seit gemeinsamen Studententagen. Er lebt und arbeitet seit über 20 Jahren als Redakteur und Autor in München, seiner Gute-Laune-Stadt.

S-Bahn, U-Bahn und Regionalzug im MVV

Suburban trains, underground and regional trains in MVV netw

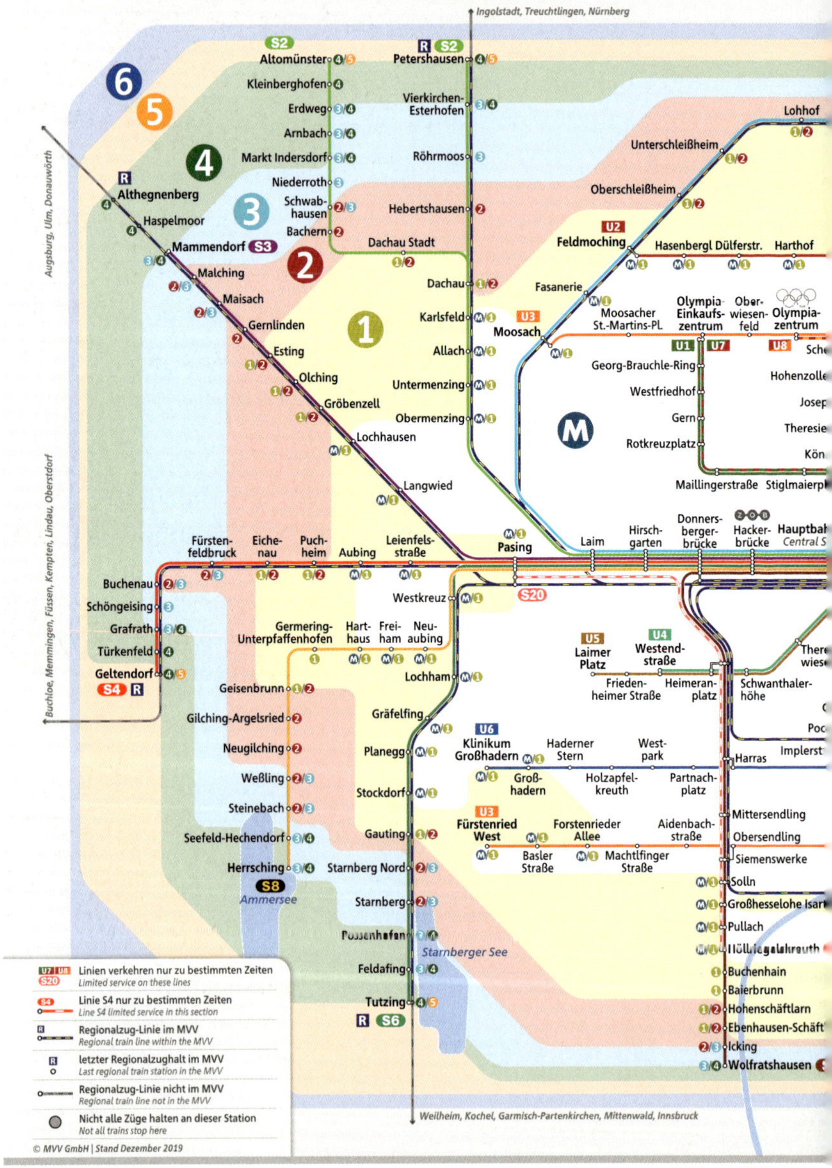